YPOGRAPHIE EN COULEUR
ROUGE

CONTRASTE INSUFFISANT

NF Z 43-120

LES CENT

SONNETS D'UN FUMISTE

RIMES BRUTALES, JOVIALES ET SOCIALES

AVEC PRÉFACE

GEORGES PROTEAU

Ces cent sonnets, mes bons amis,
Sont défendus aux écolières,
Tout plein de fiel, je les commis
Trop sauvages pour des volières.
Ils sont méchants, grossiers, bravaches,
Attendez donc la puberté,
Beaux seins lactés, grandes moustaches
Pour les ouïr en liberté.

G. P.

EN VENTE CHEZ L'AUTEUR

55, RUE LIANCOURT, 55

PARIS

LES CENT

SONNETS D'UN FUMISTE

OUVRAGES DU MÊME AUTEUR

DÉJA PARUS:

Les *Démolis*, pièce satirique contemporaine, 4 actes..   1 »
La *poésie du Boulevard*.............................;   0.10
L'*Impôt sur le Pain*, chanson-pamphlet contre les affameurs (épuisé) 0.10

SOUS PRESSE :

La *Muse des Révoltés*, poésies de combat.............   1 »
Contre l'ennui, poèmes grivois......................   1 »
Charles Laroche, roman, 2 volumes..................   3 »
Le *Bâtard vengeur*, drame en vers, 5 actes............,   1.50
Flocons de Neige et Boules de Suie, articles et nouvelles..   1 »
Rosita, opéra, 2 actes..............................   0.50

EN PRÉPARATION :

Paris-Bohême, roman de mœurs......................   1.50
Tour de France d'un jeune fumiste, voyages...........   2 »
Le *monde de mes rêves*, exposé social................   1.50
Fanny Perronet, roman contemporain................   1.50

———

N. B. — L'auteur « Sans-le-Sou » cisèlera un mirifique sonnet de reconnaissance aux mille premiers souscripteurs qui l'aideront à se produire.

MM. les éditeurs sont priés de ne pas venir assiéger sa porte.

LES CENT

SONNETS D'UN FUMISTE

RIMES BRUTALES, JOVIALES ET SOCIALES

AVEC PRÉFACE

GEORGES PROTEAU

Ces cent sonnets, mes bons amis,
Sont défendus aux écolières,
Tout plein de fiel, je les commis
Trop sauvages pour des volières.
Ils sont méchants, grossiers, bravaches,
Attendez donc la puberté,
Beaux seins lactés, grandes moustaches
Pour les ouïr en liberté.

G. P.

EN VENTE CHEZ L'AUTEUR

55, RUE LIANCOURT, 55

PARIS

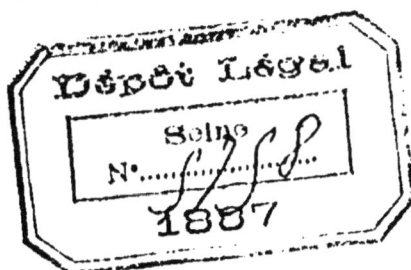

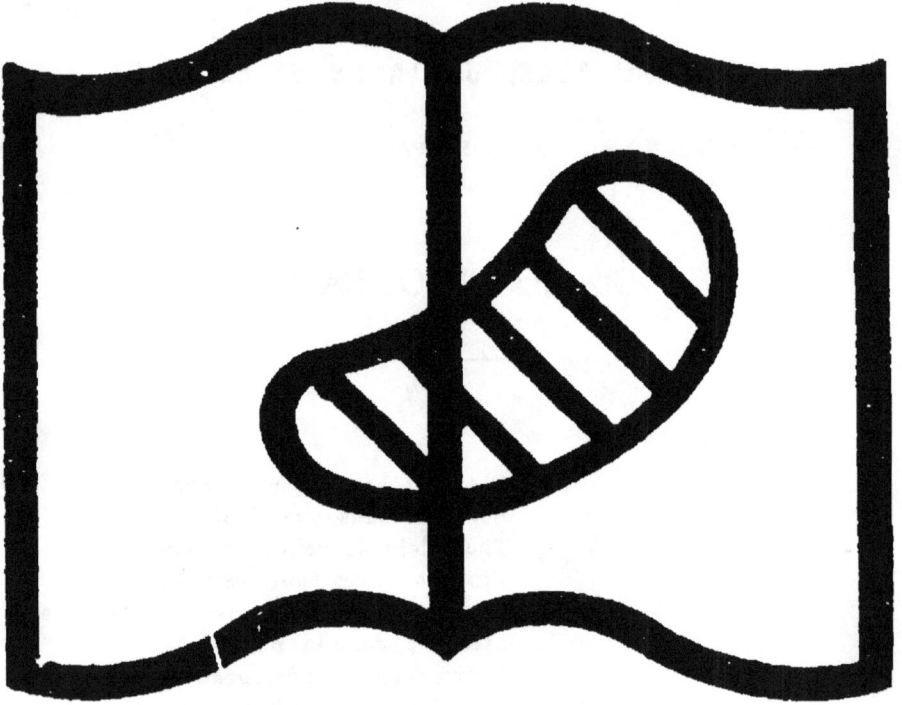

ILLISIBILITE PARTIELLE

NF Z 43-120

AUX BOURGEOIS

Eh oui ! je suis fumiste, surtout fumiste gêneur ! Du bout de ma raclette et des lames de mon hérisson j'accomplirai le travail de l'anatomiste disséquant un cadavre charognisé du bout de son scalpel ; j'analyserai vos hontes, vos vices et vos lâchetés ! J'ouvrirai vos veines qui charrient du pus en place de sang, perdu ou vicié dans les sales débauches ; je fouillerai vos cœurs gangrenés par l'égoïsme et l'ambition.

Catins trafiquant de vos chairs molles, juges dévorant le gâteau de Cerbère, commerçants vendant à faux poids, prêtres étouffant la lumière, subtilisant les testaments et les cadavres ; cariatides branlantes de la vieille société pourrie, je vous saperai.

Messalines ou fausses dévotes, ouvriers dupes ou lâches, complices par inertie ou par intérêt, exploiteurs éhontés ou philanthropes cafards, traîneurs de sabre insolents, traîtres au pays ou cruels massacreurs de vaincus, professeurs domestiqués ou robins fielleux, avocats ou charlatans, banquistes ou banquiers, ministres prévaricateurs ou plumitifs vendus, maîtres ou laquais, nobles ou vilains votre suie ne m'échappera pas ! moi, l'obscur, je vous ramonerai ! ! !   Un Fumiste.

1

PRÉFACE

Crois-moi, fumiste rêveur, Préface ou Postface son
bien inutiles au bouquin ayant quelque chose de viril er
ses pages. Mais puisque, pauvre fou, tu sembles y tenir
je vais m'exécuter à condition que — n'imitant pas certair
ex-berger du Forez devenu pontife en l'église socialiste —
tu imprimeras ma copie sans changer un iota ou même
déplacer une modeste virgule à la clef.

Te souvient-il, rimailleur dément, de certain dimanche
où, ainsi que ton plus fidèle ami, tu fus retenu à dîner chez
un vaillant socialiste, lequel, Rousseau moderne, délaissa
les splendeurs et les lâchetés de Paris, pour se confiner
dans un petit ermitage sis entre Sèvres et Bellevue.

C'est dans cet asile aussi simple que champêtre —
et qu'il ne tient d'aucune Madame d'Epinay, — le moule
de pareilles femmes, si capricieuses qu'elles fussent étant
à jamais brisé, que le maître du lieu, entouré de sa gen-
tille maisonnée, reçoit ceux qui, sans montrer patte
blanche, et pour cause, viennent se donner comme amis.

Tous sont-ils sincères? Hum! Je n'oserais l'affirmer.
Ceux-là viennent quémander une préface afin d'appâter
le lecteur par le nom maudit et vénéré du maître ès-lettres
ceux-ci demander une lettre d'introduction auprès de

elque éditeur peu disposé à monter une ménagerie ; d'au-
es enfin parce que l'on y rencontre des personnalités
ut cotées dans la littérature et que l'on s'y crée des
lations parfois fort utiles dans l'avenir.

Un Diogène égaré dans cette maison hospitalière aux
manches très fréquentés, trouverait là de grands cœurs
 de larges ventres ; des fous au cerveau plein d'idées
néreuses, mais aussi des ambitieux dissimulant mal
insatiables appétits.

Suivant au retour ces orgueilleux, satellites fiers de
aviter dans l'orbe d'un astre littéraire dont les rayons
rgement épandus vont dorer leur médiocrité — ce qui
s pose devant les Philistins — le philosophe à la lan-
rne pourrait saisir au vol des bouts d'entretien comme
lui-ci :

— Ouf ! ce qu'il nous rase, avec sa Sociale !

— Bah ! c'est un moment à passer ; je suis très heu-
ux d'avoir rencontré Barbey d'Aurevilly ; ce styliste
orseté est d'un drôle...

— Ce brutal m'a remis ma nouvelle en disant : Pas fa-
eux, forme gentille, fond nul. Mais je n'ai point perdu
a course. Le commandant S.... avec qui j'ai lié connais-
ance me sera fort utile pour mon exemption du service
ilitaire.

— Nul de nous n'ignore que... un tel est l'obligeant
onhomme qui vous fait éditer un bouquin ; mais une fois

ce service rendu personne ne lit ses phrases qui n'en finissent plus !

— As-tu vu cette simplicité de costume et de manières chez lui au moins de suite l'on est à l'aise !

— Laisse-moi donc ! tout cela est affecté pour épater l bourgeois. Il ne peut me faire passer mon volume che: Lemerre, je n'y retournerai pas !

Misérables ! qui donc vous prie de vous rendre chez ce hospitalier pour le mépriser ensuite.

Son plus grand crime à vos yeux est de ne pas transige avec les principes, d'avoir horreur des grimaces et, malgré ses démarches, de n'avoir pu faire imprimer vo inepties ou vos insanités.

Ne bavez plus sur l'homme qui est sans tache, reptiles n'ayant pour la plupart ni froid ni faim, douillettemen emmitouflés sous vos fangeuses couvertures ; ayez au moin la pudeur de rester chez vous ! !

Là, toi qui ne sais rien cacher, tu t'ouvris de ce projet longtemps caressé par ton cerveau mal équilibré, de fair paraître les Cent Sonnets.

Hein ! quelle sortie cela te valut de la part du maîtr quercynois et, ma foi, ce resté pur avait amicalement rai son lorsqu'il te disait à peu près ceci :

— Vos vers ne valent rien ! En travaillant vous pou vez devenir un bon prosateur mais, comme poésie, vou ne dépasserez jamais l'honnête médiocrité.

Tes châteaux de cartes s'écroulaient à ton grand déses-
oir, alors l'incorruptible, brutal comme tous les amis
incères, souffla plus fort et fit table rase de tes chères
llusions.

— Vous venez rabâcher en vers des vérités dites en
rose de mille façons ! Qui vous lira?...

Les artistes ?... Non !

La forme et le style, sans fioritures, insuffisamment
npeccables, n'auront point assez d'attraits pour faire
asser ce monde égoïste et blasé sur les vérités cinglantes
ontenues dans vos sonnets.

Les bourgeois ?... Encore bien moins !

Complètement insensibles à tout ce qui n'est pas *Doit*
t Avoir et se gargarisant l'intellect — lorsqu'ils se le
argarisent — avec la littérature sirupeuse et laxative de
eux ou trois Ohnet, faiseurs attitrés, montreurs de héros
sang de navets qui daignent attendre patiemment six
ois que leur épouse veuille bien relever sa chemise pour
s anoblir par le ventre, ces gens-là n'iront pas feuilleter
otre recueil dont le contenu pourrait troubler leur la-
orieuse digestion et peupler leurs rêves dorés de spectres
évolutionnaires.

Le peuple ??... Oh ! pas du tout !

La lecture de vos quatrains et tercets exige une tension
'esprit très fatiguante pour lui.

Jacques Bonhomme n'est pas né à la poésie ; surtout

il n'aime pas ceux qui, comme vous, viennent lui reprocher de tant courber l'échine.

Sans nier l'utilité d'une Révolution; il serait fort aisé qu'on la fît sans lui.

Aussi déteste-t-il cordialement les exaltés qui voudraient l'y pousser !

Donc croyez-en un désintéressé, car je ne fais plus de vers, brûlez tout ce qui de vous a rapport à la poésie.

C'est par là que les critiques bourgeois, furieux de vos coups de cravache, vous prendraient et feraient passer pour un sot le travailleur, conscient, las de suer au seul profit de leur classe pourrie !

Jetez tous vos vers au feu et faites de la prose ; sinon vous donnez prise aux morsures des reptiles et commettez une lâcheté !

Eh bien ! malgré cet avis aussi sage que désintéressé du maître ès-lettres, ce styliste au cachet si personnel, que sa classe hait et fuit tel qu'un pestiféré ; de ce chantre rustique dont le peuple pourrait dire en parodiant Chénier puis Musset, ce poète encensé par tous aujourd'hui et qu'à sa mort Cladel et une dizaine d'autres lettrés, seuls, suivirent au champ d'oubli. . . . .

Voyez ce paysan, citadin malgré lui,
Dont le cœur est cent fois plus riche que la veste.
Ses traits sont grands et fiers ; de sa ceinture agreste
Pend une lyre informe ; et les sons de sa voix
Plaignant Jacques Bonhomme ont fait trembler les rois.

de ce vaillant à qui ses anciens amis, puissants aujour-
d'hui, ces renégats, ont tourné le dos parce qu'il consacra
sa vie aux parias de la glèbe, de l'atelier, voire même de
la caserne, et ne reçut, en échange de sa vie, du pain de
ses enfants et de son talent prodigués, que méchants pro-
pos ou noire ingratitude ; de celui que j'aime enfin ! tout
autan t que s'il était de mon sang, ce génial qui n'a de
commun avec moi que l'amour de la justice ; tu as per-
sisté dans ton idée première de t'offrir en risée aux pontifes
les canards bourgeois. Tu vas te serrer le ventre et sacri-
fier de ton nécessaire pour te faire moquer de toi.

Ah ! l'orgueil indomptable, inné chez tout écrivassier,
est admirable chose pour les imprimeurs !

Mais à quoi bon se lamenter sur ce qui est fatal. Cet ar-
gent, péniblement gagné à coups de marteau, s'en va faire
vivre les compositeurs, tes camarades et frères de misère.
Cela vaut mieux encore que de le jeter sur le zinc d'un
assommoir quelconque en échange de flots d'alcool frelaté
qui noyeraient le peu d'idées qui te reste dans le cerveau.

Ces vérités inéluctables je te les devais, mais ce que
e dois dire également, le voici :

Après avoir lu tes Cent Sonnets qui vont de l'Anarchie
usqu'à la Pornographie, je me suis aperçu que, toi, le
umiste très éloigné parent de Vaugelas, tu avais commis
quelques écarts de français, donné plusieurs crocs en jam-
bes à la grammaire, fait deux ou trois pieds de nez à la

prosodie, lancé quelques : Zut ! intentionnels ou non aux règles de la versification ; mais toujours respecté, bien plus que le prêtre, ce Dieu qu'il enferme dans son tabernacle de peur que s'échappent les revenus qu'il s'en fait, la Justice et l'Égalité ! ! !

. . . .

Qu'importent après tout quelques froissements d'amour-propre dont tu seras seul à souffrir ? Les idées et les choses pour lesquelles tu combats sont bonnes.

Conscient de ton droit je n'ose dire : Arrête-toi ! car, si la moitié seulement des travailleurs, qui crèvent de peine et de misère pour enrichir leurs exploiteurs et d'inutiles parasites, te ressemblait ; la Révolution sociale serait faite demain !

A la prochaine, camarade, ce jour-là, instruits par le passé, nous ne devrons plus polir des phrases, mais mâcher des balles !

Oui ! des balles ! qui, sœurs, et cependant vengeresses de leurs aînées tirées en 32, 48 et 71, à la place des volailles truffées d'aujourd'hui, achetées avec le produit de nos sueurs, alors que nous manquons de pain, de vêtements et d'abri ; rejetés de tous les hôpitaux dont pourtant les salles d'autopsies attendent nos cadavres étiques pour édifier quelques Pasteurs en herbe sur le mal des gueux, iront se loger dans les ventres bourgeois ! ! Vive la Sociale !

GEORGES PROTEAU.
2 juillet 1887.

1.

AU COURAGEUX PUBLIC
QUI OSERA ME LIRE

PROGRAMME RIMÉ

Quelque peu téméraire à toi je me présente
Tel qu'un pauvre rimeur à la verve plaisante
Qui, las de voyager de l'Ebre jusqu'au Pruth,
Voudrait planter sa tente (1) et reprendre son luth.
Accueille-moi Public! si tu viens à mon aide
Je tremperai pour toi ma plume de Tolède
Dans un encrier plein de souris et de pleurs
Pour tracer l'anathème ou dessiner des fleurs.
Je parlerai de tout: du bois, de l'obélisque ;
Des viveurs, des soldats, parfois de l'odalisque.
Oui! pour te dérider dans mes sonnets mondains
Je veux portraicturer les biches et les daims ;
Les jeunes cabotins et les vieux journalistes,
Les bas-bleus si crampons et les capitalistes,
Le gamin de Paris près du Turc de Péra
Et le dernier danseur des bals de l'Opéra.
Nous rirons bien tous deux de ces polichinelles
Offrant de beaux hôtels aux gentes coccinelles
Du noble décavé qui, songeant à l'hymen,
Choisit pour fiancée un « ange » de l'Eden.

(1) Honni soit qui mal y voit.

ous raillerons en chœur, sans dépasser les bornes,
es minois trop fardés puis les maris à cornes
t ces preux ?? d'aujourd'hui, moins hardis que Jason
ui vont, près du Saint Père, acheter du blason !

. . . .

our ramener au bien ceux que le vice attire
ous les flagellerons du fouet de la satire ;
ontrant pour l'avenir le deuil et les sanglots
ns la douce folie agitant ses grelots.

. . . .

avré si je te peine, content si je t'amuse,
t'adore ô Public ! et je veux par ma muse
rès t'avoir charmé te charmer plus encor ;
livrer, très-heureux, parmi les strophes d'or
a rime plus cristal que l'eau de la fontaine
... puisque j'ai cité ce nom de Lafontaine,
écrirai, m'inspirant d'un de ses jolis vers,
ne grande revue en cent sonnets divers !

1er Novembre 1884.

TRIBUT DE RECONNAISSANCE

A l'Auteur du : *Petit traité de Poésie française.*

Si, le plus illettré parmi les artisans,
J'ai pu combattre un peu ma profonde ignorance,
Sentir mon pauvre cœur renaître à l'espérance
Lui, perdu dans l'amer voici bientôt dix ans.

Si je puis blasphémer des trop plats courtisans,
Chanter mon beau pays, ma généreuse France ;
Rire des fats, des sots, pleurer sur la souffrance
Célébrer la beauté des monuments pisans.

Public sache-le bien, toi pour qui je cisèle
D'un burin maladroit et qui trahit mon zèle
Des contes que parfois je prends sous mon bonnet.

Cet art fol de rimer que je promène en ville,
Ce modeste pouvoir de construire un sonnet ;
Je les dois au poète, à mon maître: Banville !

— ɟ —

RÉPULSION

A Cora P...

Quand tu t'es bien vautrée en ces folles orgies
Où ton palais, blasé des succulents repas,
Veut pour se laisser voir de sadiques appâts
Tu quittes le banquet toutes lèvres rougies ;

Poches pleines, fuyant boudoirs et tabagies,
Tous les honteux excès qui hâtent le trépas,
Vers le pauvre rimeur tu diriges tes pas
Le sourire moqueur, pupilles élargies ;

Et tu viens près de moi, dans le fond des faubourgs,
D'être encor tout gluant de tes sales amours,
Femme vile, sans cœur, d'or et de sang repue,

Frôler câlinement ton corps luxurieux;
Je repousse du pied ta charogne qui pue :
Je veux singer Diogène et non pas Des Grieux.

20 septembre 1886.

LE BARDE EN CHRYSOCALE

Dédié au revanchard Paul DÉROULÈDE.

Fais sonner tes clairons et battre tes tambours,
Arbore ton drapeau vers les foules ingrates,
Va jusque sous le nez des pseudo-démocrates
Prôner à tous chauvins le progrès au rebours.

Tu chantes les sabreurs aux dorés brandebourgs,
Tas de poseurs gavés par tous les autocrates,
Les bourgeois corrompus et les aristocrates ;
Moi je trouve plus beau le peuple des faubourgs.

Ne flattant pas les grands par d'ennuyeux poèmes
Je vis libre et choyé dans le clan des bohèmes
Sans plus de noirs soucis qu'un modeste grillon :

Mon sort vaut cent fois mieux. Pendant que tu galvaude
Ta plume et ton talent tel qu'un vil histrion :
Je baise, sans choisir, duchesses et ribaudes !

CHAIR A BOURREAU

~~~

A Clément Duval.

Ah! vous me reprochez mes vols et mes crimes?
Quel est donc le mortel qui m'a tendu la main
Ou tâché de me mettre en un meilleur chemin
Par une faible aumône et de saines maximes ?

Cependant j'eus un cœur tout plein d'élans sublimes
Mais vous l'avez broyé lorsque j'étais gamin ;
En me tenant, vaincu, sous un joug inhumain
Votre férocité creusait de noirs abîmes.

Et si l'on me fait voir le bagne à l'horizon
Avec la guillotine au bout de la prison
Je réponds tout rageur aux sinistres prophètes :

Quand les grandes catins et les riches fripons
Emplissaient tout Paris des échos de leurs fêtes
Je me serrais le ventre et couchais sous les ponts ! !

Octobre 1886.

APPRENDS A TE CONNAITRE

du Fumiste à Georges Proteau « Alia.

Tiens ! tu me fais pitié malencontreux rimeur
Car je vois que partout on te chasse, on t'évince,
Pourtant, faible cerveau, tu te montres bon prince
Et parfois de ta rime adorant la primeur

Tu l'étires, la pauvre, ainsi qu'un lamineur
Fait du plus pur métal et tu la rends si mince
Qu'elle fait presque honte aux Muses de province ;
Or ton fier ut majeur n'est plus qu'un la mineur.

Tu pares tes sonnets à grands coups de Larousse.
Ignorant du français autant que Barberousse
Tu rappelles pour lui le temps des malandrins.

Tu ne sais établir la strophe bien rythmée ;
Pour toi point de salut loin des alexandrins :
Tu te crois un colosse et tu n'es qu'un pygmée !

Mars 1883.

SOUVENIR

A LA DUCHESSE DE CHAULNES
Née Sophie Galitzin

~~~~

Ton beau corps se dissout dans le trou solitaire,
Loin de tes chers petits, ces bambins adorés,
Ravis à tes baisers par des gens abhorrés
T'accusant, les jaloux, de voler à Cythère.

L'étranger dût remplir la tâche humanitaire,
Remplacer tes parents, esprits froids, timorés;
Tu connus le plaisir dans les salons dorés
Puis la froide misère en glissant sous la terre.

Conquis par tes tourments nous versâmes des pleurs
Et nous allons parfois déposer quelques fleurs
Sur l'isolé tombeau dans le fond de l. Creuse.

Ton nom poétisé sera presque éternel ;
Victime des frocards, de la vieille Chevreuse
Tu captivas nos cœurs par l'amour maternel !

Mai 1883.

~~~~~~~~

AVIS A PLON-PLON

Au sujet d'un manifeste.

Jérôme, mon ami, pas de Don Quichottisme ;
Pourquoi prendre avec nous ces airs de capitan,
Ton cousin s'est vautré dans la boue à Sedan,
N'avait-il pas écrit contre le paupérisme ?...

Tu donnes à choisir : Misère ou Servilisme !
Notre pays n'est point l'âne de Buridan ;
Ton style lui déplait, toi qui n'es de Médan,
L'on te sait trop porté sur le naturalisme.

Sache, éloigné parent du vainqueur d'Austerlitz,
Timide général, buveur d'eau de Sedlitz,
Que la France au réveil ne peut être opprimée.

Tu peux manifester, mais sois bien convaincu,
Si tu t'agitais trop, doux héros de Crimée,
Qu'il est encore des pieds pour t'enlever le ???...

Novembre 1881.

CRÉVE OU VENDS-TOI !

De la femme d'en-bas minime est le salaire,
La sueur de son front se vend dans les prix doux ;
Bravant l'été, l'hiver, pour quelques maigres sous
La pauvrette s'en va ramer dans la galère.

De ce destin naquit son grand désir de plaire,
De voir les fortunés pleurant à ses genoux ;
La misère la pousse à montrer ses dessous
Pour posséder cet or à la voix chaude et claire.

Faute de ne pouvoir manger dans l'atelier
Elle a du lupanar l'ignoble ratelier
Et gagne sur un lit son peu de nourriture :

Si son travail rendait bien mieux le samedi
Nous verrions sous nos yeux tomber en pourriture
Moins d' « Anges » au ruisseau! moins d'hommes au Midi !

Octobre 1881

SOLEIL ET PRINTEMPS

Quel ravissant coup d'œil ce lever de l'aurore ;
Là-bas sur les côteaux, comme un disque de feu,
Le grand astre apparaît mordorant le ciel bleu ;
Il vient pour nous verser la vie à pleine amphore

Avec le renouveau tous deux ils font éclore
Le muguet dans les bois puis le charmant aveu
Des jolis fiancés. Ces divins ont pour jeu
De féconder ensemble et la faune et la flore.

Sous l'Apollon de mai se sèchent bien des pleurs,
Le brouillard condensé va perler sur les fleurs
Pour remonter dans l'air en brise parfumée.

Partout des chants d'amour aussitôt le réveil,
Les chagrins, les soucis s'envolent en fumée:
Je t'aime bien : Printemps ! salut à toi Soleil !!

3 mai 1881

SANS PATRIE

A ceux qui, sans pudeur, demandèrent cinquante millions
à la France, au lendemain de ses désastres.

Messieurs les d'Orléans je sais votre espérance,
C'est d'asservir le peuple à l'aide d'un forfait ;
sant, pourris d'audace, embaucher Galliffet,
Ce fusilleur musqué de triste remembrance.

Pour arriver au but vous vendriez la France
Et certes, selon moi, vous l'avez déjà fait ;
Le sort de l'ouvrier vous semble trop parfait,
Tous vos bourgeois méchants sont fiers de sa souffrance.

Assassins de Condé, de vos concitoyens,
Usant, brigands titrés, des plus lâches moyens ;
Cent fois moins scrupuleux que le grand Charlemagne

Vous feriez bombarder Paris par ses vieux forts,
Quémandant au besoin l'appui de l'Allemagne ;
Votre seule Patrie est dans vos coffres-forts !...

20 Octobre 1884.

DETTE SACRÉE

Lettre à Madame Deschamps.

Chère Madame,

Il y a douze ans ! C'était peu de temps après nos désastres immérités ; la plaie de nos cœurs toute fraîche encore n'étaient point prête à se cicatriser.

Obligé, par la réaction versaillaise, de m'exiler momentanément de mon cher Paris, je voyageais ce que le vautou germain voulut bien laisser de notre malheureuse Patrie.

Alors j'étais sans pain, sans argent et surtout sans amour. Nul ne daignait s'intéresser au gamin presque vagabond qui souffrait intérieurement, malgré son indifférence affectée, de l'isolement dans lequel il était confiné.

Mais j'arrive au fait, ou plutôt à Nîmes.

Par un matin brumeux de mars 1872, je débarquai sur le Petit-Cours et gravissais l'escalier d'un bureau de placement. Quelques minutes après, ayant reçu une réponse négative à ma demande d'emploi, je redescendai navré ; la mélancolie qui emplissait tout mon cœur, se trahissait probablement sur mon visage, car une charmante jeune fille brune, dont j'ai toujours l'image pré-

nte à mes yeux, fut émue de pitié, puis, sans souci du
u'en dira-t-on, daigna m'adresser la parole, à moi, pau-
re étranger.

Ah! je suis vieux, maintenant, bientôt trente ans, mais
t épisode de ma jeunesse malheureuse compte parmi les
lus doux de ma vie accidentée.

J'étais mis très simplement ou plutôt misérablement
, singeant l'escargot, je portais tout mon butin sur
1on dos, dans un sac de soldat.

— Monsieur! me dit la généreuse demoiselle, vous
araissez triste, vous n'avez probablement pas trouvé
mploi que vous alliez chercher au bureau de pla-
ment?

Acceptez quelque chose, un cordial, un bol de bouillon,
la vous réchauffera, car l'air est très vif ce matin.

— Mais, pardon Mademoiselle, répondis-je très étonné,
us ne me connaissez point et d'ailleurs je n'ai pas d'ar-
nt.

— Vous n'avez pas d'argent, dites-vous! me fut-il ré-
ondu avec une grâce parfaite, mais c'est justement
rce que je vous en suppose dépourvu que je vous fais
tte invitation. Acceptez, vous me ferez plaisir!

Très confus, je ne savais que répondre; la bienfai-
ice gentille ne voulut pas jouir de mons embarras et,
osant sa main mignonne derrière mon épaule pour me
ntraindre à l'obéissance, me dit d'une voix qui me

fit agréablement frissonner tant elle était caressante

— Tenez ! entrez-là, chez ma mère, vous vous récon forterez quelque peu.

Je craignais, je dois l'avouer, que la maman répri mandât la jeune fille sur son initiative généreuse mai quelque peu étourdie. Point ne fut. Cette bonne dam m'accueillit à bras ouverts, me demanda mon histoir que je lui narrai dans sa navrante simplicité. Alors j dus passer la journée chez ces grands cœurs, comblé d soins et de charitables attentions.

A mon départ, l'on se fâcha pour me faire accepte deux francs qui devaient m'aider à continuer ma route et je partis vers Marseille emportant leurs meilleurs sou haits.

Depuis j'ai beaucoup appris, le malheur est une écol sévère qui laisse en burinant ses durs enseignements d profondes traces dans les cœurs les plus fermés au sentiments délicats.

Le mien n'est point pareil, et si ce n'était modestie j l'en féliciterais. Il a oublié les injures et les vexation dont beaucoup l'ont abreuvé pour ne se souvenir que de caresses et des bienfaits.

Malgré le fond d'amertume imposé par l'isolement, re foulant la prévention contre les humains que je sais auss lâches qu'égoïstes, je m'arrête complaisamment sur le bonnes actions comme un voyageur heureux de se reposer dans une oasis perdue au milieu du désert.

Nîmes, ville charmante, se rappellera toujours à ma mémoire, non seulement par ses jolis boulevards, ses antiquités romaines, mais aussi par la générosité de deux de ses habitants qui me fait considérer les soixante mille autres comme ayant la même élévation de cœur.

Maintenant, moins nomade, je possède de charmants lutins roses qui me font tant soit peu enrager. Je ne suppose pas qu'ils soient aussi malheureux dans leur adolescence que je le fus moi-même ; mais si la fatale destinée leur réservait cette cruelle épreuve, je souhaite ardemment qu'ils rencontrassent sur leur calvaire, outre les méchants, deux bons cœurs comme les vôtres.

Plus tard, ainsi que moi, ils oublieront leur misère et quelquefois verseront des larmes de reconnaissance loin de ceux qui les auront obligés. Si elles ne devaient pas être produites par la misère, je leur souhaiterais presque ces larmes qui ont le pouvoir de nous rendre meilleurs.

Ce sont des gouttes de bienfaisante rosée, jetées sur la fleur éternellement parfumée du charmant souvenir.

Je vous prie d'agréer, Madame, pour vous et votre gentille demoiselle, l'assurance de ma profonde gratitude et mes meilleurs souhaits.   G. P...

                                    Fumiste-Troubadour.

Février 1834.

L'AUMONE D'UNE JEUNE LIQUORITSE

Hommage de reconnaissance à Mlle Deschamps

Ayant bien froid et faim, décelant la misère,
Je marchais sac au dos à Nimes, dans le Gard ;
Au chemin parcouru je n'avais nul égard,
J'arrivais sans travail de Vienne, dans l'Isère,

Je ressemblais peut-être au pauvre Bélisaire,
Vaincu par la souffrance, abattu, l'œil hagard,
Car je sentis sur moi s'arrêter le regard
D'une brune aux grands yeux ; belle vierge au rosaire

La voyant s'approcher je rougis malgré moi,
D'un accent musical qui trahissait l'émoi :
« Vous êtes épuisé » me dit sa voix charmante.

« Acceptez, je vous prie, un soupçon de liqueur
Cela n'est pas mauvais c'est à base de menthe »
Cette goutte a suffi pour griser tout mon cœur.

Vive Valeque

ALEXANDRE DUMAS FILS

Première version.

'est lui cet écrivain dont le monde raffole,
risant fort son beau style et sa modernité;
es romans, son théâtre empreints de charité
epuis longtemps chez lui font couler le Pactole.

n nom d'un grand talent gardera l'auréole
ès illustré déjà par la paternité;
je croyais, ma foi, gagner l'éternité
adorant Dumas j'en ferais mon idole.

noiqu'il pût s'écrier: Veni, vidi, vici.
rtaine vérité je vais lui dire ici
r l'insulte aux vaincus, jamais je ne tolère :

eût dû respecter ceux que l'exil courbait
n'avoir point besoin, dans un jour de colère,
tre méchant et lâche en crachant sur Courbet !

Novembre 1881

ALEXANDRE DUMAS FILS

Deuxième version

C'est lui, cet écrivain dont le monde raffole,
Ses romans sont fort beaux, son théâtre brillant,
Son style d'élégance et d'esprit pétillant
Fait honneur à sa langue aussi pauvre que folle.

Son talent radieux dessinant l'auréole
Sur la docte raison toujours va s'appuyant ;
Lui-même est un charmeur très fin, jamais bruyant
Plein de sève française et de langueur créole.

Mais, de l'art de flatter n'ayant pas hérité,
Je viens lui dire ici certaine vérité,
Dussé-je être aplati plus que fer sur l'enclume :

Dumas, bourgeois sans cœur, vil amasseur d'écus,
Sut élever sa boue au niveau de la plume
Et lancer de sa bave aux femmes des vaincus !

Novembre 1884

2

RENSEIGNEMENTS COMMERCIAUX.

Sonnet dédié au gracieux bataillon de Cythère

Vierges folles, mes sœurs, gardez-vous des bohèmes
Qui vont « sécher » des bocks au café du Chat noir;
Descendants, pour la soif, du brave Beaumanoir,
Fabricants de tableaux, constructeurs de poèmes ;

Sur le coût des plaisirs ce sont des forts en thèmes
Promettant des bijoux sur l'antique manoir
Mais ne daignant offrir le plus léger peignoir :
« Je n'ai besoin d'argent, voyous ! puisque tu m'aimes! »

Quand ils se sont grisés d'amour à satiété
Ils causent: Editeurs, Salon, Mont-de-Piété ;
Si bien qu'il faut pour eux casser la tirelire.

Oui! j'en ai fait l'essai! les futurs grands rapins,
Les sculpteurs d'avenir et les pinceurs de lyre:
Ce sont tous, croyez-moi, des poseurs de lapins !!

Une désillusionnée
GEORGETTE

SOLDAT

A mon ami Camille Legran(

Quittant parents, amis, poètes, fins diseurs,
Tu vas te sentir seul dans l'immense caserne,
Obligé de fléchir, le cœur gros et l'œil terne,
Sous les ordres brutaux des stupides raseurs.

N'obéis qu'à regret aux chamarrés poseurs,
Massacreurs de vaincus, ayant pris pour caverne
Ton malheureux pays. Sanglante hydre de Lerne
Terreur des exploités et des Muses, tes sœurs.

Préserve ton esprit sous le joug tyrannique
Des sots uniformés. Surtout jamais n'abdique
Le droit de protester, le rire de gaulois.

Et si, pour son malheur, un galonné te touche
Ne songe qu'à l'affront. Sans réfléchir aux lois
Loge-lui dans la peau ton sabre ou ta cartouche!!

Décembre 1886.

SUR UN JEUNE MODÈLE

A Mlle Jeanne Gr...

Je t'adore ainsi, gentille bacchante,
Le corail sabré par un ris joyeux,
Le ventre estompé de frisons soyeux
Que ne vient cacher la feuille d'acanthe.

Abandon lascif, marche capricante,
Distillent l'amour écrit dans tes yeux ;
Ton baiser charnel doit griser bien mieux
Que douce ambroisie ou vin d'Alicante.

Si sur ton nombril je pouvais gésir
Tu te pâmerais sous tant de plaisir
Qu'en deviendrait fou le vieux Praxitèle.

Beau fruit, savoureux par ta crudité,
Pour les pudibonds vêts-toi de dentelle :
Moi je te préfère en ta nudité ! !

Août 1885

BREBIS GALEUSE

Aux endormeurs du peuple,
usant leur encre et leur salive
à persuader aux exploités qu'ils
obtiendront justice par les
moyens pacifiques et vaincront
la bourgeoisie sans effusion de
sang.

M'écartant des moutons que vous menez aux urnes
A coups de plats discours, aidés par les grimauds,
Qui, de votre éloquence ont grisé les hameaux
Sans songer aux douleurs des ventres creux nocturnes.

Je vais de préférence auprès des taciturnes ;
Eternels insurgés blasés sur les grands mots,
Lépreux dont la mort seule adoucira les maux,
Trouvant dans leur pays les marais de Minturnes.

Oh ! ne m'invitez pas dans vos nombreux banquets
Car je pourrais montrer au milieu des bouquets
Quelques gouttes de sang tachant les fleurs écloses.

Moi qui n'ai point béni, jamais légiféré,
Mais donnant aux vaincus, bombes, larmes et roses ;
Vous m'avez toujours fui tel qu'un pestiféré !

VOYAGEUSE NOCTURNE

Je viens de m'endormir ; à peine est-il minuit
Et pourtant à chercher je me foule la rate,
Vaincu par l'aiguillon malgré moi je me gratte ;
Si je ne trouve pas c'en est fait de ma nuit.

Sauvé ! je l'aperçois ; c'est en vain qu'elle fuit ;
Presto entre mes deux doigts je saisis cette ingrate ;
Que ne suis-je bien loin sur les bords de l'Euphrate ?
De l'eau pour me laver il faudrait un grand muid.

Il eût bien mieux valu me montrer débonnaire,
Laisser boire mon sang, remiser mon tonnerre ;
Ne jamais écraser cet insecte rôdeur.

Mon lit est tout défait. Je suis mal à mon aise,
J'ai le sens olfactif grisé de son odeur ;
Bourreau de mon sommeil : je te maudis ! punaise ! !

Juillet 1883

PUSTULES MALIGNES

A Jacques Bonhomme

Tous les bourgeois nourris des aubaines perçues
Sur ton rude labeur, tes simples appétits,
S'en vont se délecter de mets les plus exquis
Lorsque pour du pain noir tu t'esquintes et sues,

L'enfer du Capital t'a fermé ses issues,
Te tournes au milieu d'infernaux cliquetis
Où plus tard gémiront tes malingres petits ;
Chair fatalement bonne à gorger les sangsues.

Du canon de Juillet si tu n'entends la voix,
Paria qui produit, d'ici peu je te vois
Plus malheureux que Job dans la sainte écriture :

Ne laisse plus ton corps en proie aux ravageurs
Et si tu ne veux pas tomber en pourriture
O Peuple guéris-toi de tes chancres rongeurs !!

BRULANT DÉSIR

A M. Emile Zola, chef de l'école naturaliste.

Je n'ai pas des Goncourt l'imposante stature,
Le clairon de Vallès pour sonner le réveil
Arracher le bourgeois trop blasé du sommeil
De Balzac, de Flaubert, l'analyse nature.

Pourtant je veux tâter de la littérature,
M'approcher quelque peu du bienfaisant soleil,
Ce nouvel horizon me paraît plus vermeil
Fol espoir qui soutient la frêle créature,

Je cherche à devenir de simple chaudronnier;
Griffonneur des souffrants, passable chansonnier;
Sous ce pesant fardeau tant pis si je chancelle.

Vous êtes généreux mon cher monsieur Zola,
Veuillez frêter pour moi la fragile nacelle:
Je voudrais grâce à vous voguer sur ces eaux-là.

Ce sonnet, composé pour demander une lettre de recom-
mandation au sujet d'un roman, ne fut jamais envoyé.

FOSSE NOUVELLE

L'armée française vient de faire une perte aussi cruelle qu'irréparable en la personne du général de Galliffet. Cet officier supérieur, surnommé Dos-d'azur et Ventre-d'argent, fut longtemps préposé à la remonte et, après avoir fourni, moyennant une légère commission, des étalons à Blanche d'Antigny, laquelle les vidait mieux que de simples harengs, il crut devoir payer de sa noble personne.

Nul n'ignore que le marquis, écrêmeur des convois de prisonniers qu'il faisait fusiller à la Muette, reçut ses uniques blessures dans les combats cythéréens et que son abdomen dût le quitter à la suite d'un coup de pied octroyé par Vénus.

Ce déchet syphilitique, grand croix de la légion d'honneur, est mort victime d'une déplorable erreur, s'il faut en croire la version officielle colportée par les amis du massacreur défunt.

Ayant un drageoir toujours plein de ces capsules spéciales qui firent la gloire du docteur Ricord, il en absorbait une tous les quarts d'heure afin de retarder autant que possible la charognisation de son précieux individu.

Lundi dernier ; à peine le bombon favori avait-il disparu dans le pharynx du glorieux soldat, qu'une formidable explosion ébranla jusqu'aux fondations de son hôtel.

Le premier moment de stupeur enfin passé, les domestiques voulurent entrer dans la chambre de leur maître, mais une odeur nauséabonde les fit battre en retraite. Après une aération suffisante, des flots de liquides antiseptiques répandus et des précautions prises contre l'asphyxie, on trouva, tout bossué, le ventre d'argent du marquis lequel, était pulvérisé, sauf cependant quelques résidus osseux que les vers se disputaient déjà.

L'enquête habilement conduite démolit la première version et fit découvrir la véritable cause de l'accident.

L'élève pharmacien où se fournissait le glorieux débris était le fils d'un des communards fusillés à la Muette en 1871 — après qu'on les eut obligés par un mensonge hypocrite et sous peine de mort à creuser eux-mêmes la fosse dans laquelle ils devaient descendre, tête première, poussés par les balles versaillaises pendant que Galliffet, ricanant, leur hurlait dans sa joie de bête méchante :

Ah! brigands, vous m'avez chansonné, caricaturé, sifflé! maintenant c'est mon tour ; crevez bandits ! ! — et parmi les capsules au santal, cubèbe et copahu il en avait

glissé une de forme et d'enveloppe semblables, mais rem-
plie de fulminate et de nitroglycérine.

C'était ce dangereux médicament qu'avait ingurgité le
poisseux général ; le choc de la capsule tombant du pha-
rynx contre les parois de l'abdomen métallique avait dé-
terminé l'explosion.

Des causes les plus minimes surgissent parfois de terri-
bles effets.

De même que le petit gravier dans la vessie d'Ollivier
Cromwell fit tomber la tête de Charles Ier, vengeant toute
l'Angleterre du despotisme, la capsule révolutionnairement
dosée par l'apprenti Homais fit éclater la pourriture de ce
traîneur de sabre, et vengea quelque peu les Parisiens des
généraux, traîtres et lâches devant l'étranger, leurs fé-
roces vainqueurs.

Les funérailles ont eu lieu en grande pompe et aux frais
de l'Etat. Un cordon sanitaire encadrait le funèbre cortège ;
des chimistes munis de pulvérisateurs épandaient du phé-
nol à profusion.

Ce deuil national ne trouva point grâce devant la ra-
pacité bourgeoise. La spéculation qui ne respecte rien
s'était emparée de ce douloureux événement dans un but
de mercantilisme.

Une hausse considérable se produisit sur les désinfec-
tants et le public ne pouvait se procurer à moins de vingt
francs un flacon de Thymol Doré. Des mesures prophy

lactiques avaient été prises au cimetière ; par mesure de salubrité on dût supprimer les discours puis enfouir dans un lit de chaux vive les restes du fameux marquis, ni plus ni moins que la carcasse trouée d'un pauvre fédéré.

Pede pœna claudo.

G. P.

Un bon à fusiller lors de la prochaine Commune.

RESPECT A LA MAGISTRATURE

Aux condamnés de Montceau-les-Mines

O vous les dépouillés à qui les méchants drôles
De par leur égoïsme ont borné l'horizon
Au ciel fiévreux d'une île, aux murs de la prison,
Envoyant vos corps las pourrir sous les deux pôles.

Quand viendra le moment d'intervertir les rôles
Faîtes payer bien cher leur lâche trahison;
Rasant, Banque, Palais, Eglise, Garnison,
Brûlez du même coup les bourreaux et les geôles.

Forçats du capital qui peinez nuits et jours
Pour des maîtres sans cœur; maudissez-là toujours
Cette caste boueuse à vos dépens nourrie.

Tous ces juges vendus, ignobles cabotins,
Laquais trop parjurés d'une classe pourrie,
Ont moins droit au respect que les vieilles putains !

L'OPINION DU DOCTEUR CHARCOT

Dialogue à l'Asile Sainte-Anne

Dédié aux citoyens *Mariotti* et *Leboucher*

« LE DOCTEUR s'adressant aux prétendus aliénés »

Vous m'êtes envoyés droit de la préfecture
Avec la mention d'exaltés dangereux :
Pourquoi ??

« LES INTERNÉS »

Nous voudrions que tous les ventres creux
Eussent dans l'estomac un peu de nourriture.

« LE DOCTEUR haussant les épaules »

C'est beau mais bien stupide ! Alors la moisson mûre
Irait à tous humains grands, courts, sains ou chancreux ?

« LES INTERNÉS »

Ça devrait être ainsi.

« LE DOCTEUR impatienté »

　　　　　　　　Révoltés, songe-creux !
J'ai là pour vous calmer la douche et le bromure !

« LES INTERNÉS parlant à la cantonade »

La science avilie ! O despotes maudits !
Malgré vous le soleil luira dans les taudis ;
Les bourgeois n'auront plus droit de vol et cuissage !

« LE DOCTEUR furieux s'adressant aux gardiens »

Gardiens ! ligottez-les ! Tous ces-gens là sont fous !

« LES INTERNÉS que les gardiens entraînent sous la douche après
leur avoir mis la camisole de force »

Le jour de la révolte on verra le plus sage.

« LE DOCTEUR ricanant pendant que les internés sont violemment
attachés dans l'appareil hydrothérapique »

Crevez ici d'abord ; l'avenir..., je m'en fous !!

Mai 1887

L'AMIE NOYÉE

Echantillon de style nègre à l'usage des poëtes décadents

Trêve
Au
Beau
Rêve.

L'eau
Crêve
Peau
D'Eve.

Pleurs,
Fleurs,
Piste.

Port
Triste
Mort.

L'amant se désole sur la mort de sa maîtresse. Tout d'abord il avait cru à l'abandon mais des fleurs qu'il connaît bien le mettent sur la piste. Arrivé sur le port il trouve le cadavre de son amie gonflé par l'eau. Alors, fou de douleur, il déplore le trépas qui déforme *aussi prosaïquement le beau corps de l'adorée.*

N. B. — Ces quelques mots d'explication n'étaient pas superflus pour la compréhension de ce vilain charabia.

PLAISIRS CHAMPÊTRES

A Henri Lejeune.

Ah ! qu'il est doux de boire au lever de l'aurore
Les perles de rosée au calice des fleurs ;
De l'amour maternel ce sont les divins pleurs
Qui semblent découler d'une adorable amphore.

Là-bas le vert coteau doucement se décore,
Empruntant au soleil ses plus chaudes couleurs;
Ravi de ce spectacle, oubliant ses douleurs,
L'amant blessé, trahi, voudrait douter encore.

Les oiseaux mordorés harmonisent leurs jeux,
Le plus petit brin d'herbe étincelle des feux
De mille diamants, simples gouttes d'eau pure.

Quand l'air est saturé de parfums et de chants,
L'on devrait s'isoler au sein de la nature :
Les hommes plus rêveurs seraient bien moins méchants.

Saint-Mars-la-Bruyère.   Août 1886

LA MORALE DE GUIZOT

Mise en pratique par tous les bourgeois.

Bourgeois engraissez-vous ! tripotez à la Bourse
Trompez bien l'acheteur en vendant à faux poids
Quand on peut dépenser dix mille francs par mois
Tout le monde s'incline et qu'importe la source

De l'argent amassé plus vite qu'à la course.
Lorsque dans un landau l'on fait son tour au bois
Et qu'au lieu d'un bijou l'on sait en offrir trois
A la grue en maillot figurant la grande Ourse.

L'on peut en imposer aux vulgaires humains,
Guignant l'or du gousset et non la boue aux mains,
Qui se font payer cher leur basse flatterie.

Exploitez la misère à Paris, à Trévoux,
Laissez pour les rêveurs : Amour, Honneur, Patrie !
Soyez lâches et vils ! mais enrichissez-vous.

Octobre, 1884.

IMPÉRIEUX BESOINS

A mignonne Francia

L'on pourrait t'emporter, sur l'oreiller posée,
Sans même te tirer de ton léger sommeil ;
Petit bouton de rose au teint frais et vermeil
Tu sembles la corolle avide de rosée.

J'entends le cri bruyant de ta bouche rosée
Car il te faut du lait aussitôt ton réveil,
Mais voici ton clairon qui nous donne l'éveil,
Tu ne veux plus rester dans ta couche arrosée,

La nature, chez toi, dédaignant les détours,
Profane sans pitié les rubans, les atours ;
Te fait déjà gourmande et pas encor coquette.

Sur ton petit maillot tu verses plus qu'un pleur
Mais cela ne fait rien ; l'amoureux ne te guette ;
Bois et digère bien : Grandis petite fleur !

L'AMOUR AMBULANT

A Charles M.....

Non ! toutes ne sont pas dans ces maisons infâmes
Dont chacun voit fermés les criards contrevents,
Salissant du fessier le velours des divans,
Trafiquant de leur corps et pourrissant les âmes.

Il en est tous les soirs qui font maintes réclames
Et travaillent?? ailleurs qu'aux lubriques couvents ;
Exposant leurs appas aux injures des vents,
Se troussant sur un banc pour éteindre nos flammes.

Modestes en leurs prix ; pour quelques simples sous
Chacun peut posséder les écœurants dessous
Qui servent à nourrir l'ignoble parasite.

Ephèbes ! prenez garde au poison virulent,
Jamais ces femmes-là ne passent la visite,
Gardez-vous, mes amis, de l'amour ambulant.

Août 1885

BLESSURE MORTELLE

A Charlotte Finet

Ah ! souffre et pleure,
Matin et soir,
Femme qu'on leurre
D'un fol espoir.

Dans sa demeure
Va-t'en le voir
Puis à toute heure
Porte du noir.

Fais le serment
Qu'un autre amant
N'aura tes charmes ;

Démon si beau
Mets bas les armes
Sur un tombeau.

Avril 1882

SUPRÊME FOLIE

Dédié aux mânes d'Elise Proteau, femme Moreau, ma mère.

J'ai maudit bien des fois ce jour, devant le maire
Qui, sérieux, mâchait son jargon solennel,
Où tu le prononças ce serment éternel
Qui m'enlevait l'amour exclusif de ma mère.

Je sais que le bonheur, hélas ! trop éphémère,
Qui fit de toi, chérie, un auteur maternel,
Fut toujours par les tiens taxé de criminel
Et que tu crus devoir, pardonnable chimère,

Empoisonner ta vie, avancer ton trépas,
Pour me donner un nom que je ne porte pas
Et qu'à regret ma plume à tracer se décide.

Oui ! pour mettre ton fils d'accord avec la loi,
Tu te vis obligée à ce moral suicide :
Ton Georges n'eût pourtant jamais rougi de toi !

Avril 1880

A QUINZE ANS

J'errais par les chemins, vagabond lamentable,
Pleurant sur mes haillons, chassé tel qu'un lépreux ;
Je me suis bien souvent couché le ventre creux
Quand les chiens faisaient fi des restes de la table.

Où demeures-tu donc paysan charitable?
J'ai trouvé cent méchants pour un cœur généreux ;
La terre ne portait de mortel plus heureux
Que moi lorsque l'hiver je dormais dans l'étable.

En place d'amitié je n'eus que des rancœurs,
Des regards méprisants et des propos moqueurs,
Du pain des révoltés mon âme fut nourrie :

Maman mourut pour moi ; c'était déjà trop tard
Le fiel me fut versé. Société pourrie
Malgré toutes tes lois je suis toujours bâtard !!!

Avril 1880.

A FRANCISQUE SARCEY

Eh ! que venez-vous me chanter à propos du peuple réfractaire aux arts libéraux, à la littérature. surtout à la poésie.

Avant de le piquer méchamment du bout de votre plume de maître pion, donnez-lui d'abord le temps de naître à l'amour du beau.

Où donc a-t-il le loisir de contempler la sublime nature, de s'envoler vers les régions bleutées du rêve, lui qui est enchaîné au soc de la charrue, au pied de l'enclume ou de l'établi ; forcé à produire pour vous donner des loisirs, à vous, fils de bourgeois, qui l'exploitez sans pudeur, le privant fort souvent du nécessaire pour mieux vous gorger de superflu et lui versant, pour entretenir ses forces factices, des flots d'alcool frelaté qui pour jamais le forcent à s'abrutir devant l'inexorable fatalité.

Aussi lorsque des écrivains partiaux viennent déplorer son prosaïsme et son ignorance en art, ce sont des tartufes, partant des misérables !

Quand, par son travail accumulé puis détourné par vos parents, rapaces exploiteurs, à votre seul profit, il vous a donné le moyen de vous produire et d'avoir un nom connu vous resplendissez, glorieux, sur la cimaise ; vos traits sont parfois burinés dans le bronze ou le marbre pour

attester aux générations futures que jamais la France
— malgré le sage conseil d'Anacharsis Clootz — ne saur
se guérir des individus, votre statue accapare la plac
publique; lui, l'esclave du capital, reste enchaîné tel qu'u
chien de cloutier sur les marches du piédestal.

Dans les premiers temps de notre histoire, Velléda
bonne fille malgré son caractère sacré, coupait parfois d
sa faucille d'or le gui à son intention; mais je ne sach
point que Clémence Isaure le comprît dans sa distributio
de fleurs.

Jamais, dans votre méchant égoïsme, vous n'avez song
à lui autrement que pour le faire œuvrer manuellemen
à votre profit, et toujours vous l'avez traité de quantit
négligeable en art comme en littérature.

Ne vous étonnez donc pas d'un état de choses que vou
et les vôtres ont créé.

Le peuple naît intelligent et tout aussi bien disposé qu
vous pour la culture intellectuelle, mais les moyens et l
temps de se développer cérébralement lui sont impitoya
blement refusés.

Quand, débarrassé des parasites, le peuple pourra vivr
et s'instruire aussi facilement que vous, tous les pontifes
jésuites rouges ou noirs, rentreront dans la masse; c'es
justement là ce que vous désirez empêcher à tout prix
même à celui du mensonge et de la calomnie !   G. P.

Travailleur manuel

MOINEAUX FRANCS

A Edouard Legentil

Réfractaires ailés dans la grande nature,
Ignorants de bassesse et de civilité,
Chez nous n'existe pas la sotte hérédité,
On n'échange à la mort aucune signature.

Chacun s'en va chercher sa modeste pâture,
Connaissant tout le creux de la fraternité,
Il règne sur le nid parfaite égalité ;
Aucun moineau ne veut prendre la dictature.

Quand l'oiseleur méchant nous restreint l'horizon
Qu'on ne peut s'échapper de la frêle prison,
Les vieux, libérateurs, apportent la ciguë.

Il nous faut pour voler l'immensité des airs,
Foin des grains de millet dans la cage exiguë :
Nous préférons mourir que vivre dans les fers ! !

Poissy, Mars 1885

NOS GOUTS

Nous aimons patauger dans le vice et la boue
Et comblons de présents la vierge?? sans pudeur
Qui s'en vient quémander, prise de folle ardeur,
Des écus pour son sac, des baisers pour sa joue.

Pour posséder sa chair le bourgeois l'amadoue,
Parfois offre un hôtel de première grandeur ;
Sous les lambris dorés l'on cache sa hideur,
Le mot : Horizontale a remplacé : Gadoue !

Aussi comme elle rit de la famille en pleurs
Qui, là-bas, au pays, loin de l'or et des fleurs,
Voulait d'un travailleur en faire la compagne.

Oui ! la fille de joie, à Paris comme au Mans,
Dit, tout en se livrant après le gai champagne,
De la vertu?? Bêta ! C'est bon dans les romans ! !

Janvier 1884

CRI DE FOL ORGUEIL

Dédié à ceux qui insultent ma Misère.

Médisants qui raillez pour mes souliers percés,
Mes os mi-décharnés, mes vêtements sordides;
Je veux bien espérer qu'avec vos airs candides
Vous n'avez point compté les pleurs que j'ai versés.

Vous ne soupçonnez pas mes rêves dispersés
Aux confins du néant par de noires sylphides,
Mon cœur demi-brisé, mes paupières humides,
Mes parents dédaigneux et mes dieux renversés.

Je n'ai bu que du fiel en place d'ambroisie,
Mes dents n'ont grignoté que la croûte moisie ;
D'autres ont eu la rose et moi le dur chardon.

Continuez, Bourgeois, votre critique amère ;
Je répondrai, plus fier, accordant mon pardon :
Eh bien oui ! je mendie ! ! Ainsi faisait Homère.

Octobre 1884

DERNIÈRE NUIT
DE GASTON CRÉMIEUX

Dédié à Clovis Hugues

Tu revoyais en songe un passé plein de charmes,
Vers le sombre avenir, joyeux, tu t'élançais ;
O mon pauvre Gaston, rêvant tu ne pensais
Aux angoisses des tiens, aux yeux baignés de larmes.

Ton réveil fut horrible ! En voyant les gendarmes
Tu crus que tes amis avaient eu plein succès ;
Ils venaient t'annoncer que des soldats français
S'en allaient, ô Caïns ! te passer par les armes.

Ce fatal dénoûment te surprit tout d'abord,
Tu croyais à la grâce et non plus à la mort.
Là tu reconnus Thiers et sa haineuse clique,

Le front haut vers la mort, allons marche, obéis !
Ayant fait ton devoir, servi la République :
Va tomber sous les coups des gens de ton pays ! !

L'EXÉCUTION

Devant les mitrailleurs tu levas ton chapeau,
Conservant jusqu'au bout l'attitude polie,
Puis murmuras tout bas, dans ta mélancolie :
« Douze plombs meurtriers vont me trouer la peau ! »

L'étendard qu'on traitait de grotesque oripeau
Te prit à tes enfants, à ta femme jolie,
Tu fus le courageux, plein de noble folie,
Qui défend son idée et meurt pour son drapeau.

Certes tu maudissais leurs tristes représailles,
Mais montrant ta poitrine aux soldats de Versailles
De ton mâle visage un muscle n'a frémi.

« Visez-moi bien au cœur ! » fut ta seule supplique ;
Tu commandas le feu, songeant à Noémi,
Et tombas en criant : « Vive la République !! »

A MADAME GASTON CRÉMIEUX

Ma pauvre Noémi pleurez toutes vos larmes
Sur l'époux si charmant, sur le Gaston si beau,
Dont le corps mitraillé gît au fond du tombeau
Et qui vous fut ravi par de cruels gendarmes.

Thiers, ce démon bourgeois, endormit vos alarmes,
De la douce espérance alluma le flambeau,
Puis plus tard les soldats du sinistre corbeau
Prenaient le bien-aimé, le passaient par les armes.

Oui ! vous crûtes humain ce simiesque vainqueur
Mais nous, les ouvriers, nous n'eûmes tous qu'un cœur
Pour déplorer de loin votre douleur amère.

Salut à vous, Madame, et sans me départir
De la tendre amitié que je dois à la mère,
Je m'incline devant la veuve d'un martyr !

AU FILS AINÉ DE GASTON CRÉMIEUX

Voici bientôt quatre ans que ton père voyage
Dans le grand inconnu d'où l'on ne revient pas ;
Un livre il t'a laissé pour mieux guider tes pas
Puis de mâles vertus..... C'est là ton héritage,

Il désirait du peuple abolir le servage
Et rendre un peu moins dur le pain de ses repas ;
France! Amour!! Liberté!!! lui semblaient pleins d'appas
Mais il fut englouti sans toucher le rivage.

Fréquente, pauvre ami, l'école du malheur
Et puissent ses leçons redoubler ta valeur,
Te sacrer vaillant fils du plus digne des pères.

S'il fallait déloger, même au bruit du canon,
Les exploiteurs bourgeois du fond de leurs repaires :
Albert! Souviens-toi que tu portes un grand nom!!

Août 1875

FOSSE NOUVELLE

L'académie française, impitoyablement émondée, vient de faire une nouvelle perte en la personne de M. Maxime Ducamp « de Satory ».

Il paraît que ce bilieux immortel — qui en 1871 rôdait, joyeux et humant l'air macabrement saturé, tel qu'une hyène assoiffée de sang, autour des fusillés de Mai pour saisir quelque méchant secret sur leurs cadavres déchiquetés par le plomb versaillais ; dénonçant par ci, excitant par là, se trouvant à l'aise au milieu du carnage — aurait succombé à une attaque des

Convulsions de Paris.

FINIS CORONAT OPUS

G. P.

A LÉON CLADEL

Ami je te salue au nom de ces canailles
Que les puissants d'alors menèrent « en bateau »
Jusque sur Satory, le funèbre plateau
Qui nous fait souvenir des tristes représailles ;

De ceux que la misère étreint dans ses tenailles
Sous les seigneurs bourgeois demeurant au château ;
Dévorant le pain noir leurs maîtres le gâteau,
Attachés à la glèbe et fouillant ses entrailles.

Pour tous les opprimés, pauvres bêtes et gens,
Vieux ouvriers fourbus, artistes indigents,
Et les jeunes lettrés entrant dans la carrière ;

A toi, le resté pur, le grand cœur du Quercy,
L'auteur de *N'a-Qu'un-Œil* et du *Garde-Barrière*,
Chantre des *Va-nu-pieds*, je t'envoie un : Merci !

15 Mars 1885

LACHETÉ

Aux ouvriers qui, sans cause majeure, s'adonnent
à l'ivrognerie

Allez, tas d'abrutis, noyer sur les comptoirs
Ce qui reste d'idée en vos faibles cervelles
Car vous sentirez moins les blessures nouvelles
Que font à votre honneur vos filles aux trottoirs.

Vos maîtres, les bourgeois, ont de jolis dortoirs
Afin d'y chatouiller le nombril des plus belles,
Des juges, des soldats, pour mâter les rebelles,
Pour vos parents fourbus d'immenses abattoirs.

Si l'esclave, indigné du rôle de machine,
Las de crever de faim tout en courbant l'échine,
Retrouvait en son âme un soupçon de fierté ;

Tous les gens écœurés se mettraient à la tâche,
Pain, Vêtements, Logis, Justice, Liberté,
Le peuple aurait tout ça s'il n'était point si lâche!!

Janvier 1887

THEATRE OU BORDEL??

A Victor Koning

L'artiste d'aujourd'hui ne fait plus de manières
Pour faire rapporter son mignon capital,
Sa pose suit souvent le trait horizontal,
Qui va de la Moderne au Trianon d'Asnières.

Cette louve a parfois plusieurs belles tanières
Tandis que ses agneaux, parfumés au santal,
Iront finir leurs jours sur un lit d'hôpital ;
Maudissant les bijoux et les fleurs printanières.

Rien ne manque surtout dans sa loge boudoir,
Le divan de..... travail et le trop grand miroir
Font face au petit meuble en forme de guitare;

C'est là que les blasés vont déposer leur frai ;
Au théâtre de genre, écœurant par la tare,
Le mot de Bordenave est plus que jamais vrai !
        janvier 1885

ADIEU A Mlle FEYGHINE

Adieu! repose en paix, charmante désolée,
Sous la terre où ton cœur s'en ira par lambeaux ;
Les étoiles du ciel, purs et divins flambeaux,
Argenteront la nuit ton triste mausolée.

Ton séducteur disait: « Tu seras consolée ;
Pourquoi désespérer avec des yeux si beaux ?.. »
Tu préféras le calme au milieu des tombeaux,
T'étendre pour jamais sous la pierre isolée.

Ton corps était sculpté par le dieu de Claros,
Il anima pour toi le marbre de Paros:
On ne devrait mourir quand on est si jolie !

Au printemps les oiseaux viendront par de doux chants
Te conter leurs amours et leur mélancolie,
Te dire quelquefois : « Les hommes sont méchants!!.. »

juin 1883

LE SEUL JOURNALISTE BOURGEOIS
QUI N'INSULTA PAS LES VAINCUS

Connaissez vous le roi, parmi les journalistes,
Des chroniqueurs mondains, des échotiers bavards,.
Que l'on voit tous les jours sur nos grands boulevards
Des cancans de Paris dresser de longues listes ?...

Dites-moi, je vous prie, au clan des nouvellistes
Lequel sait mieux lancer les hilarants canards,
Dissimuler un trait sous des accents mignards,.
Pourrait croiser le fer avec les fins duellistes ?..

Celui qui, très aimé des joyeux écrivains,
A des mots capiteux autant que les vieux vins,
Dont l'article parfois est un feu d'artifice ;

Et rappelle aux lecteurs cet auteur d'Atta-Trol.
L'Allemand si français, exempt du maléfice
Par la verve et l'esprit ?? C'est Aurélien Scholl !

8 Octobre 1883

FOSSE NOUVELLE

~~~~~

La République française se trouve momentanémen privée de son premier magistrat.

M. Jules Grévy, qui, après avoir combattu très long-temps la présidence en était devenu le plus bel ornement, vient de mourir en sa propriété de Mont-sous-Vaudrey.

La chambre des députés, prenant part au deuil uni-versel, vient de voter par acclamation des funérailles nationales et un bureau de tabac, première classe, pour la veuve éplorée.

Cette dernière mesure sera très favorablement accueillie du public lorsque l'on saura que l'ex-président n'a laissé que... des regrets à Madame Grévy, sa photographie aux époux Wilson, tandis qu'il léguait par testament, sans doute afin d'immortaliser son nom, toute sa fortune aux grévistes de France et de Navarre.

Ceux-ci s'en sont déjà servi pour l'achat d'explosifs destinés à farcir le ventre de leurs 'exploiteurs.

La faim justifie les moyens.   G. P.

--·-··----·---

CRUAUTÉ

A Lison G...

J'habitais à quinze ans sur les rive du Cher
Auprès de ma cousine, une douce ingénue,
Qu'une vieille marâtre, hirsute, à moitié nue,
Avant le paradis conduisait vers l'enfer.

Le plus petit écart lui revenait fort cher ;
Un mot dit de travers, un manque de tenue,
Et la mère aussitôt, sans plus de retenue
Pour l'âge ou pour les gens, se payait sur sa chair.

Après l'avoir troussée, ayant fermé la porte,
La vilaine maman, n'allant pas de main morte,
Sur son derrière en feu s'ébattait à souhait.

Ce supplice allumait comme un désir extrême :
Quand je voyais Lison se tordre sous le fouet
J'aurais bien préféré la flageller moi-même.

TRANSFORMATION

A Lison G...

J'eusse tapé moins fort, grisé de jouissance,
Contemplant, moitié fou, sa gracile beauté ;
Puis parfois, je l'assure, en changeant de côté
Cousine fût venue à plus d'obéissance.

Nous moquant tous les deux d'hypocrite décence
Sur le lit tout défait nous aurions bien sauté ;
Le dernier vêtement gaillardement ôté
Nos yeux auraient erré pleins de conscupiscence ;

Puis soudain n'écoutant que les sens triomphants,
Curieux de savoir d'où venaient les enfants,
De propos indiscrets je l'eusse entretenue ;

Le bourreau transformé, mais loin de s'apaiser,
Dans un élan d'amour meurtrissant sa chair nue :
. . . .
Le supplice eût bientôt fini dans un baiser !

CURIOSITÉ MALSAINE

A Lison G...

J'avais dans la maison plusieurs bonnes cachettes
D'où l'on pouvait risquer l'œil investigateur
Et je voyais parfois mon démon tentateur
Mettre ses deux beaux seins dans de blanches nichettes.

. . . .
. . . .

La vieille sur son nez rajustait ses lunettes
Avec l'air important d'un grand opérateur
Puis, dédaignant l'emploi du jeune irrigateur,
Saisissait la seringue aux lignes peu coquettes.

Ayant porté partout ses jolis yeux fripons
La cousine, très rouge, enlevait ses jupons
Et prenait sur son lit les plus charmante poses ;

Tout mon corps était pris d'un langoureux frisson
Quand glissait la canule entre ses f...ormes roses :
J'aimais à voir donner des... bouillons à Lison !

HYPOCRISIE

A Lison G ..

Subtil comédien, je jouais bien mon rôle ;
Aux charmes de Lison semblant indifférent
Sur de très vieux bouquins ou sur le Juif-errant
J'étais plus incliné que les branches d'un saule.

Mais, risquant un regard par dessus mon épaule,
J'épiais le départ de « l'ange intolérant »
Qui ne prenait pas garde au malin soupirant
Le croyant aussi froid que les glaces d'un pôle.

Oh ! quel beau changement ! Plus sauvage du tout,
Je pinçais, j'embrassais et butinais partout ;
Soulevant, téméraire, une grande tempête??

Malgré qu'on m'appelât : Vilain ! méchant ! fripon !
Sitôt que la grand'-mère avait tourné la tête
J'aimais à fourrager sous son petit jupon !?

CHAIR A GRISOU

A tous mes amis les parias du fond.

Allons, pauvre mineur, disparais sous la terre,
Malheureux va fouiller les entrailles du sol ;
Oh ! tu ne perdras rien car tu n'as pas un *sol*
Et, ma foi, si tu meurs peut chômer le notaire,

Prends ta lampe, ton pic et va-t'en, solitaire,
Rudoyer le filon, le saper comme un fol,
Point n'est besoin pour toi de coquet parasol ;
La clarté ne descend dans le fond du cratère.

Tu songes bien parfois, perdu je ne sais où,
Au pain de tes vieux ans et ton œil noir se mouille :
Pourquoi te chagriner ! N'as-tu pas le grisou??

Tu marches sans souliers, ton maître a des chapeaux,
Si tu demandes plus pour extraire la houille
On lâchera sur toi les chiens des chassepots !!

Novembre 1873

A LA RECHERCHE D'UN BATON DE VIEILLESSE

Que n'est-il plus ce temps où, migonne gentille,
Tu courais à travers mes jardins, mes bosquets;
Dévalisant mes fleurs pour de jolis bouquets,
Que tu cachais, friponne, en croisant ta mantille.

Oui j'aimais à le voir ton regard qui pétille
Lorsque tu te parais de tes rubans coquets,
Afin de présider des enfants les banquets ;
Parfois les sermonnant pour la moindre vétille.

Viens me prendre à nouveau le lilas, le glaïeul ;
Cligner tes yeux si beaux sous le nez de l'aïeul,
Dire un conte charmant à mon âme ravie.

Que ton rire argentin, ton babil sans pareil,
Reviennent égayer le déclin de ma vie,
Réchauffer ma vieillesse aux feux de leur soleil.

CONSEIL D'AMI

Aux chanteurs de la scie: C'est Boulange, lange, lange,
C'est Boulanger qu'il nous faut.

Ouvriers prenez garde et parez le danger
Couvant sous le képi des coupeurs de gamelles
Qui traiteront demain vos femmes de « feraelles »
Ou vendront leur pays pour de l'or étranger.

Vos cœurs portent empreints les clous de leurs semelles,
Leur p...ain devient si dur qu'on n'en peut plus manger ;
Ces fusilleurs d'enfants penchés sur les mamelles
Ont pour noms: Cavaignac, Mac-Mahon, Boulanger.

Peuple qui fut jadis massacré par fournées,
Si tu ne veux pas voir ces sanglantes journées
Où pour cinq cents Varlins tombe un méchant Bréa,

Les vaincus encor chauds, ensevelis sans voiles,
Satory, les pontons, Cayenne et Nouméa :
Garde-toi des phraseurs tout constellés d'étoiles !

10 juillet 1887.

ARS LONGA, VITA BREVIS

A Paul Bréval

Non! tu n'entreras pas dans le savant cénacle
Quand même tu pondrais tous les matins dix vers ;
Sur ton front dégarni passeront les hivers
Et toujours un taudis sera ton habitacle.

Pour qu'on daignât te lire il faudrait un miracle,
Tu sais qu'on n'en fait plus dans le grand univers,
Laisse les plumitifs, ondoyants et divers,
A leurs regards méchants ne te donne en spectacle.

Vers toi l'argent, la gloire, iraient à pas trop lents ;
Tu ne pourrais friper les jupons à volants
Et prendre tous les mois de nouvelles amantes.

Par dessus les moulins l'on jette des bonnets ;
Il est encore pour toi des grisettes charmantes :
Afin de mieux chanter revions-nous sans sonnets !

Mars 1884

DEVANT LE BERCEAU
CONTENANT LE CADAVRE DE FRANCIS

A Blanche, mon amie

Pourquoi donc m'avoir fui charmante créature,
Bébé que j'adorais, pour qui j'aurais lutté
Contre l'amer destin sans être rebuté
Par l'épuisant combat de la littérature.

La mort, cette faucheuse à la blanche ossature,
Moissonna devant nous ton minois si futé ;
En vain par notre amour tu lui fus disputé
Les funèbres rongeurs attendaient leur pâture.

J'avais formé pour toi beaux projets d'avenir,
Futur trop désiré qui ne doit plus venir
Charmer mon cœur brisé par la douleur amère.

Je t'aurais élevé, c'était là ma fierté,
Le rêve de ma vie et l'espoir de ta mère,
Dans l'amour de la France et de la liberté.

29 Mai 1883

VEILLÉE DE MORT

A mon petit Francis défunt

Tu ne grimperas plus après mon secrétaire
Pour me voir griffonner ou ravir mes crayons ;
Nous ne l'entendrons plus, parents qui te veillons,
L'harmonieux babil que tu ne savais taire.

Tu nous fuis désormais jeune et beau solitaire,
Pour la dernière fois la lune aux doux rayons
Vient argenter ton front. En vain nous essayons
De croire que ton corps n'ira pas sous la terre.

Non ! tu ne viendras plus m'embrasser tous les soirs
Et je verrai ta mère en ses longs effets noirs
Qui, lorsque vient la nuit, sont tristement superbes.

Nous irons tous les deux, les yeux baignés de pleurs,
En causant du passé, pour arracher les herbes,
Déposer sur ta tombe un blanc bouquet de fleurs.

30 Mai 1883

L'AFFAMÉ

A mes frères, les ventres creux

Il s'en va, tout rêveur, en longeant les murailles
Et s'arrête parfois auprès des soupiraux
D'où montent, en fumant, les gras parfums des rôts
Qu'il voit se dégager des brunes victuailles.

Il marche en titubant : « Tiens ! mon vieux, tu dérailles,
Lui crie un garnement. Pourquoi ces boléros??? »
Un lupanar l'aveugle avec ses numéros
Mais il n'est attentif qu'à ses douleurs d'entrailles !

Une fille l'accoste et lui prenant le bras
« Viens avec moi, mignon, te glisser sous les draps,
Te griser de bonheur une nuit tout entière. »

Lui ! marmotte tout bas : A moins d'être aigrefin
Quand manque le travail et qu'on a l'âme fière
Au siècle dix-neuvième on peut mourir de faim ! !

Novembre 1884

TROP DE LUXE

Aux Marchands de Vins et Boulangers

Débitants de boissons et patrons de boulangè
Dans votre amour du beau vous allez par trop loin ;
De si parfaits décors le peuple n'a besoin,
Cela fait renchérir ce qu'il boit, ce qu'il mange.

Si le cultivateur enjolivait sa grange
Et qu'il vendît plus cher son froment puis son foin
Qu'en adviendrait-il donc ? L'on mettrait dans un coin
Les impôts protecteurs ! Vivre le libre échange !

Blancs marquis de la miche et barons du gros bleu,
Fournisseurs d'ouvriers, restreignez quelque peu
En faveur des produits les frais de vos boutiques.

Moins d'or à vos plafonds, de nikel à vos brocs ;
Nous préférons beaucoup, en nos goûts très rustiques,
Le picolo plus pur, les petits pains plus gros !

Novembre 1884

AU TRAVAILLEUR DÉSESPÉRÉ

A Jacques Proteau

Las de sentir le froid tanner ta vieille peau,
La faim te torturer de ses douleurs d'entrailles,
Quand tu ne pourras plus imiter ces canailles
Qui vont clopin-clopant de Paris jusqu'à Pau :

Des trop lâches humains désertant le drapeau,
Tu voudras avancer tes tristes funérailles,
Évitant les bourgeois en longeant les murailles,
Trop honteux pour oser leur tendre ton chapeau ;

Vers le temple de l'or précipite ta course
Et si quelque Crésus, en sortant de la Bourse,
Contemplait tes haillons sans l'ombre d'un remords ;

S'il narguait ta misère avec ses airs de fête,
Avant d'aller toi même à l'asile des morts,
Bondis sur l'égoïste, et casse lui la tête !!

29 Mars 1885

PROMESSE D'ASSASSINAT

Aux pîtres du Palais-Bourbon.

~~~~~~

Quand à mon pays j'aurai tout donné, bras et cerveau, que les seigneurs du capital me rejetteront ainsi qu'un vieux citron ridé dont ils auraient exprimé tout le jus, je ne me tuerai point.

Lorsque ma main débile ne pourra plus soulever le marteau ou conduire la plume rétive à mon inspiration décadente, que mes yeux brûlés par les acides et le feu de la houille ne pourront plus distinguer les traits de cuivre sur la tôle ou les caractères sur le papier, que mon cerveau liquéfié pour les patrons et la Sociale ne parviendra plus à mettre une pensée debout je retrouverai, dernière lueur d'une lampe prête à s'éteindre, un moment d'énergie et ne disparaîtrai pas avant de lancer une dernière imprécation vers cette marâtre qui me laisserait crever de faim si je n'avais un dernier mouvement de révolte.

Mais, pour que cette suprême imprécation ait toute la portée que j'attends d'elle, je l'introduirai dans le canon d'un révolver, la piquerai sur la pointe d'un stylet ou m'en servirai pour envelopper quelque explosif.

La coucher sur le papier avant de mourir serait bête et trop platonique.

5.

REPETITION INTENTIONNELLE D'UNE IMAGE

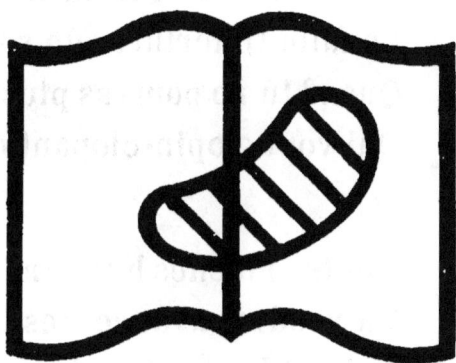

ILLISIBILITE PARTIELLE

NF Z 43-120

AU TRAVAILLEUR DÉSESPÉRÉ

A Jacques Proteau

Las de sentir le froid tanner ta vieille peau,
La faim te torturer de ses douleurs d'entrailles,
Quand tu ne pourras plus imiter ces canailles
Qui vont clopin-clopant de Paris jusqu'à Pau :

Des trop lâches humains désertant le drapeau,
Tu voudras avancer tes tristes funérailles,
Évitant les bourgeois en longeant les murailles,
Trop honteux pour oser leur tendre ton chapeau ;

Vers le temple de l'or précipite ta course
Et si quelque Crésus, en sortant de la Bourse,
Contemplait tes haillons sans l'ombre d'un remords ;

S'il narguait ta misère avec ses airs de fête,
Avant d'aller toi même à l'asile des morts,
Bondis sur l'égoïste, et casse lui la tête !!

29 Mars 1885

PROMESSE D'ASSASSINAT

Aux pîtres du Palais-Bourbon.

~~~~~~

Quand à mon pays j'aurai tout donné, bras et cerveau, que les seigneurs du capital me rejetteront ainsi qu'un vieux citron ridé dont ils auraient exprimé tout le jus, je ne me tuerai point.

Lorsque ma main débile ne pourra plus soulever le marteau ou conduire la plume rétive à mon inspiration décadente, que mes yeux brûlés par les acides et le feu de la houille ne pourront plus distinguer les traits de cuivre sur la tôle ou les caractères sur le papier, que mon cerveau liquéfié pour les patrons et la Sociale ne parviendra plus à mettre une pensée debout je retrouverai, dernière lueur d'une lampe prête à s'éteindre, un moment d'énergie et ne disparaîtrai pas avant de lancer une dernière imprécation vers cette marâtre qui me laisserait crever de faim si je n'avais un dernier mouvement de révolte.

Mais, pour que cette suprême imprécation ait toute la portée que j'attends d'elle, je l'introduirai dans le canon d'un révolver, la piquerai sur la pointe d'un stylet ou m'en servirai pour envelopper quelque explosif.

La coucher sur le papier avant de mourir serait bête et trop platonique.

5.

Elle exciterait tout au plus les sourires moqueurs de bourgeois sceptiques à la place des larmes de sang que doivent verser les dirigeants.

Me jeter dans la Seine ferait voter son élargissement par les misanthropes afin que tous les déshérités pussent trouver place dans son lit.

Je veux l'échafaud !

Que tous les Charcot et les Falret me signent le : Bon à doucher! peu m'importe; j'irai jusqu'au bout.

Quand ma dernière croûte sera grignotée, que tout espoir sera disparu, j'attendrai les charlatans du pouvoir à la sortie du Palais-Bourbon.

Les balles de mon révolver sauront percer le tympan de ces sourds volontaires, l'acier de mon poignard trouver le chemin de leur cœur pétrifié, les éclats de mes bombes faire sauter autre chose que les bouchons du champagne et les chairs molles de leurs catins!

L'on m'arrêtera puis, la comédie du jugement terminée, Deibler s'offrira le plaisir de faire rouler ma tête jusqu'aux pieds des soldats sauveurs de la société.

Après ???...

Les bourgeois m'auront évité une mauvaise corvée, car c'est très ennuyeux d'en finir soi-même avec la vie, et j'aurai donné un exemple qui, je l'espère, sera suivi.

Alors, quand les repus ne pourront plus mettre le nez dehors sans être exposés à la vengeance des suicidables par misère, l'on n'osera plus nier la question sociale ; et les bourgeois, afin de préserver leur propre vie, se décideront à faire en sorte que les travailleurs ne puissent plus mourir de faim!!

Je n'aurai point perdu ma dernière journée.

G. P.

LE SOIR DES NOCES

L'époux désireux d'être père et se croyant débarrassé des
gêneurs.

Enfin ! nous sommes seuls et cela t'intimide ;
Pourtant chacun sait bien, par le bon vieux sonneur,
Que ta fleur tombera devant le moissonneur ;
Près de ton cher époux ne sois point si timide.

Sous tes longs cils baissés ta paupière est humide ;
Mignonne, tu n'as plus à crainde pour l'honneur.
L'on t'a donnée à moi pour goûter le bonheur,
Je suis petit Renaud qui raffole d'Armide.

Charmante, dévêts-toi de tes coquets atours,
Viens tomber dans mes bras sans prendre les détours ;
Tu ne peux échapper à ma rage amoureuse.

Tant pis pour ta pudeur et tes deux bouquets blancs,
Sous mes baisers brûlants je veux te rendre heureuse
Puis, surtout, déposer un bébé dans tes flancs !

LE SOIR DES NOCES

La belle-mère qui écoutait aux portes fait irruption dans
la chambre.

Ce n'est pas étonnant si ma fille est farouche
Car vous êtes fort peu réservé sur les mots ;
S'ils étaient murmurés au son des chalumeaux
Elle n'aurait point peur d'entrer dans votre couche.

Tel que vous le pensez ça sort de votre bouche,
Vous n'avez fréquenté, je le vois, les grimauds ;
Sans savoir si l'enfant redoute certains maux
Vous lui dites : Tu sais ! je veux faire une souche !

Je n'incrimine point votre zèle amoureux,
Lorsque l'on va cueillir un beau fruit savoureux
Ce n'est pas, après tout, défendu d'être tendre ;

Vous pouvez de plein droit lutiner ses appas,
Mais, la première fois, sachez-le bien, mon gendre :
Ces choses-là se font et ne se disent pas !!

LE SOIR DES NOCES

La jeune épousée, après le départ de sa mère.

Tout le monde est parti. Maintenant je t'adore !
Oui l'on peut s'embrasser quand on est tous les deux,
Sans craindre d'indiscrets les propos hasardeux,
Je t'aime à la folie et te le dis encore.

Ne crains rien, cher aimé, je ne suis plus pécore
Et les tendres baisers ne me semblent hideux;
Essaye, je t'en prie, en me donnant l'un d'eux :
Verse-moi le plaisir ou je bois à l'amphore !

Je voudrais que sans peur de trop me déranger
Tu lutines un peu mon bouton d'oranger,
Loin des regards moqueurs de la maman Gertrude.

Tu brûles de savoir mon secret? Le voilà :
Quand je baissais les yeux, tout en faisant la prude,
Je me doutais fort bien que ma mère était là !!

EN QUITTANT POISSY

Souvenir à Francis

Adieu mon cher enfant; je vais quitter la ville
Que la mort a voulu te donner pour tombeau,
De mon cœur ulcéré se détache un lambeau,
Le ciel me paraît noir et l'existence vile.

Je délaisse Musset, je ne lis plus Banville;
Apollon, ce divin, m'a ravi son flambeau,
Depuis que tu n'es plus, rien ne me semble beau;
Je retombe toujours dans la prose servile.

Du jour de ton départ, voici bientôt dix mois,
Je fus m'ensevelir à l'ombre des grands bois,
Seul avec ma douleur, tel un anachorète.

Je m'éloigne, Francis, daigne agréer mes pleurs,
Tout ce que peut verser ton père, le poète,
Qui n'a pas même un franc pour t'acheter des fleurs !

8 Avril 1884

VARIATION SUR CORNÉLIE

Hommage de respectueuse sympathie à Madame Léon Cladel

Vous me parlez souvent de vos fêtes mondaines,
De vieux ambassadeurs et guerriers de salons,
Tous, constellés de croix, de titres, de galons,
Gens blasés, décatis, abusant des fredaines :

Et plaisantez l'amour près des claires fontaines,
A l'ombre des grands bois, dans le creux des vallons,
Comparant les amants aux fougueux étalons
Qui bondissent, en rut, sous des ardeurs soudaines :

Puis regardez parfois, en montrant vos bijoux,
Dons coquets, parfumés, d'ennuyeux sapajous,
Si sur mon froid visage un pli jaloux se creuse ;

Mes goûts simples et purs sont toujours triomphants
Car, certes plus que vous, j'ai pour me rendre heureuse,
Un ami tout de cœur et de jolis enfants !

5 Avril 1885

CHARLES DELESCLUSE

~~~~

Tu crus, vaillant lutteur, à l'horizon vermeil,
Aux gens moins malheureux dans le fond de la hutte
Puis tu craignis pour eux l'infamante culbute
Et pour les soutenir tu fondas : *Le Réveil.*

Malgré que ton cerveau fut toujours en éveil
Tu ne prévoyais point si prochaine la chûte
Et lorsque s'envola tout espoir dans la lutte
Tu ne voulus plus voir se lever le soleil.

Tes mots frappaient plus fort que marteau sur l'enclume,
Peut-être pour ton âge et ton talent de plume,
Aurais-tu trouvé grâce auprès des ours gavés ;

Mais le sang des vaincus coulait à pleine écluse,
Tu préféras mourir sur les tas de pavés:
Salut au vieux héros ! A Charles Delescluse !!

Mars 1885

SOUVENIR

A Cora Z...

Vous voici donc partie ô ma triste jeunesse,
J'ai trouvé ce matin de nombreux cheveux blancs,
Je sens que la vigueur a déserté mes flancs ;
C'est peut-être pour ça que m'a fui ma maîtresse ?

J'ai goûté cependant des moments d'allégresse,
Sans soucis des grandeurs, du monde et des talents,
Car mon cœur bondissait plein d'amoureux élans,
Je ne songeais qu'un jour je serais en détresse.

Que de charmants combats aussitôt le réveil !
Et s'il coulait parfois un peu de sang vermeil,
Par un de mes baisers la folle était guérie.

Au déclin du printemps j'allais, nouveau Jason,
Ayant au bras Cora, dans la verte prairie,
Chercher la toison d'or sur un lit de gazon.

Février 1881.

AMOUR FILIAL

Sonnet de Georges Pandore à Mlle Judith Cladel.

Oh! ne grandissez plus ; restez à cette aurore
Où la fleur va s'ouvrir au souffle du printemps,
Ne désirez pas trop le charme des vingt ans ;
A quoi vous servirait d'être plus belle encore?

La nature, en versant la vie à pleine amphore,
Ne sut point préserver l'écrivain des autans ;
Chassez par votre amour les regrets attristants,
Faites mentir pour lui l'oracle d'Epidaure.

Ne le quittez jamais! qu'il ne puisse vieillir
Celui-là que j'ai vu doucement tressaillir,
Heureux sous le baiser qui tombait de vos lèvres.

Jeune et charmant rayon qui dorez la maison,
Source de bonheur pur pour l'exilé de Sèvres,
Vous aimez votre père... et vous avez raison !

Janvier 1886

..A THIERS

Petit bourgeois méchant qui mitraillas Paris
Et traitas l'ouvrier de vile multitude
Tu semblais attester par hautaine attitude,
Tenir avec Pluton sataniques paris.

Tu fis couler des pleurs bien loin d'être taris
Et plus d'une te doit l'affreuse solitude ;
Toi qui de pardonner avais la latitude
Fis égorger les fils, les frères, les maris !

Alors en ébauchant ta grimace railleuse
Pour faucher les vaincus tu pris la mitrailleuse ;
Plus féroce, cent fois, que le tyran germain.

Ton sanglant souvenir ne crains pas qu'il s'efface ;
Aussi quand, très souvent, je vais à Saint-Germain :
Au nom des travailleurs je te crache à la face ! !

Juin 1879

FATALISME

Dédié à Mme Séverine, Directrice du *Cri du Peup'e*

Si modeste soit-on, quand vient l'heure choisie
Par tous les enchaînés pour briser les maillons,
Que le sol est rougi du sang des bataillons ;
Il faut sortir du rêve. Adieu la poésie.

Vallès dut réveiller un brin la frénésie
Qui sommeillait, bercée au frou-frou des salons,
Et nous verrons flotter vos jolis cheveux blonds
Quand sonrera le glas de vieille bourgeoisie.

Lorsqu'on fera la chasse aux exploiteurs, gavés,
Vous monterez aussi sur les tas de pavés ;
Mêlant à nos haillons un peu de vos dentelles.

Avec un chant d'amour pour suprème oraison
Vous tomberez, Madame, au milieu des rebelles,
Sur des fleurs du Bengale ou de la Malmaison.

12 Août 1886

INCOHÉRENCE

A petit Marius Cladel

Ne sois jamais méchant, mange bien ton potage
Et va sans trop de cris te livrer au sommeil ;
Près du lit de tes sœurs ne sonne aucun réveil,
Surtout de tes gâteaux fais toujours le partage.

Ton père eut un grand cœur à défaut d'héritage
Mais ne vit, ce vaillant, l'horizon trop vermeil ;
Par ta jeune amitié verse lui du soleil,
Du bonheur, de l'espoir tout plein son ermitage :

Remplis le beau devoir que t'impose le nom,
Pour les vilains marchés réponds carrément: Non !
Soulage, si tu peux, la misère éplorée;

N'abîme point tes yeux à verser trop de pleurs ;
En attendant l'art pur, la maîtresse adorée,
Aime bien ta maman, les bonbons et les fleurs !

Janvier 1886

AU COURAGEUX LECTEUR

QUI M'A SUIVI JUSQU'ICI

Ami, les trois sonnets qui vont suivre furent griffonnés par moi à dix-huit ans. Alors je n'étais pas né au véritable socialisme; enthousiaste et chauvin, comme beaucoup de jeunes gens, je croyais encore au grand mot de Patrie.

Une année passée à la caserne sous de mauvais officiers, la lecture d'ouvrages aussi profonds que généreux ont suffi pour me désabuser.

J'aimais mon pays comme la source de toute idée généreuse; je voyais en lui le berceau de la Révolution grandissant et parcourant l'Univers pour affranchir les parias.

Mais, devant la bourgeoisie attisant les haines de peuple à peuple pour les faire massacrer à son profit; devant les poètes à la Déroulède, les présidents à la Floquet, les journalistes à la Lockroy, les généraux à la Boulanger, reniant leur passé libéral, franchissant les frontières à l'occasion de la mort de Katkoff, ce plumitif haineux, pour aller se mettre à plat ventre devant l'ennemi de tout progrès, le tortureur de femmes tenant quatre-vingt-huit millions d'êtres humains courbés sous le knout; passant des nuits en chemin de fer pour être à même de lécher les bottes sanglantes au pendeur de toutes les Russies, après avoir baisé la mule du pape, ce chef de l'obscurantisme, je m'aperçois que, pour le malheur des générations présentes et futures, ce berceau est bien près de se métamorphoser en cercueil.

Sans aller jusqu'au désaveu de paternité, incapable d'ailleurs de renier mes enfants, je les regarde cependant comme des péchés de jeunesse et j'avoue avoir perdu sur leur compte bien des illusions.

Aussi, pour atténuer quelque peu les sottises qu'ils pourraient faire commettre, je les fais suivre d'une pièce intitulée :

Aux morts pour la Commune de 1871.

Les idées internationalistes et révolutionnaires qui l'ont inspirée seront miennes jusqu'à la mort; j'en fais le serment à mes frères les déshérités de tous pays.

G. P.

A LA FRANCE

Au citoyen Faidherbe.

Je sais, mon beau pays, que, malgré tes efforts,
Sur tes malheurs passés plus d'un voisin te raille
Mais petit à petit tu redresses la taille,
Meublant les arsenaux et construisant des forts.

Tu verras des combats te coûter bien des morts ;
Frères, fils, fiancés, fauchés par la mitraille,
Seront, agonisants, sur le champ de bataille,
Visités par les rois sans l'ombre d'un remords.

Mais devant tes soldats, de la Flandre à la Corse
En voyant le courage imposer à la force,
Tout homme impartial lèvera son chapeau.

France! pour l'avenir ne sois plus alarmée,
Pour défendre ton sol et venger ton drapeau
Espère en tes enfants, compte sur ton armée !

Novembre 1873.

6

AUX OFFICIERS SUPÉRIEURS
DE L'ARMÉE FRANÇAISE

Sauf Bazaine et Galliffet.

De l'ardeur au travail, jamais de défaillance,
L'avenir des Français se trouve dans vos mains ;
Devenez plus instruits que les majors germains
Cela seul suffira ; je sais votre vaillance.

Laissez-les regarder tels que chiens de faïence,
Exercez-vous plus qu'eux aux tournois inhumains,
Des deux pays rivaux apprenez les chemins ;
Ils ont cerné Paris vous avez pris Mayence.

Aimez bien vos soldats ; soyez des généraux
Ne songeant qu'à la France, effaçant en héros
Ce reproche sanglant que l'on vous fit naguère ;

Nous ne connaîtrons plus de traître livrant Metz,
Si Berlin nous insulte et si revient la guerre,
Vous déjouerez de Molke et vous battrez Steimetz !!

Novembre 1873.

A DEUX ARTILLEURS QUI PLAISENTENT
TROP AMÈREMENT LEUR UNIFORME

Pourquoi, pauvres amis, tant blaguer l'uniforme
Que notre cher pays donne à tous ses enfants?
Vous l'appelez : Mastoc, bon pour des éléphants :
Ce n'est point l'habit mais le cœur qui vous déforme.

Vous raillez sottement, criant: A la réforme !
Pour la France embouchez de meilleurs olifants
Et songez bien surtout que les « vieux » triomphants
Taillaient pour se chausser dans le noyer, dans l'orme.

Battez-vous en lions quand même vous n'auriez
Pas de jolis schakos. Couvrez-vous de lauriers,
Aimez votre drapeau jusqu'à l'idolâtrie.

Vos sabres sont trop lourds et vos dolmans pas beaux?..
Pour chasser l'étranger, pour sauver la Patrie !
Vos pères, ô soldats, se battaient en sabots ! ! !

Décembre 1873

AUX MORTS POUR LA COMMUNE DE 1871

Lu au mur des fusillés à l'occasion de l'anniversaire de
Jules Vallès

Voici bientôt seize ans vous tombiez sous les balles
Des Caïns versaillais dépeuplant les faubourgs
Et vos corps mitraillés allaient joncher les dalles
Après un triste adieu couvert par les tambours.

Vos mères et vos fils, vos sœurs inconsolées,
En quête d'un endroit où poser quelques fleurs,
Côtoyent pour venir les riches mausolées
Des égorgeurs bourgeois insultant jusqu'aux pleurs.

Vos sinistres vainqueurs nourrissent l'espérance
De jeter vos enfants sur les parias germains
Mais, devinant leur jeu, blasés par la souffrance,
C'est avec les bourreaux qu'ils en viendront aux mains.

Faites sonner, chauvins, vos fanfares guerrières,
Ramassez des lauriers dans le sang des héros,
Envoyez vos pleureurs au château de Ferrières
Ou sur les ouvriers lâchez vos généraux ;

Pansez, si vous pouvez, celle France meurtrie,
Livrée à l'aigle noir par votre souverain ;
Mais nous, les meurt-de-faim, sans toits et sans patrie!
N'irons point mitrailler nos frères d'outre-Rhin !

Amis sont les damnés qui vont chargés de chaînes ;
Humains ! notre patrie a pour nom l'Univers !!
Et sur ceux-là tout seuls s'accumulent nos haines
Qui jetèrent jadis vos cadavres aux vers.

On les trouve partout, même en deçà des Vosges,
Les sangliers bourgeois au venimeux boutoir
Envoyant par plaisir, gavés au fond des bauges,
Nos sœurs au lupanar, vos fils à l'abattoir !

Lorsque se lèvera la flamboyante aurore,
Dorant les ventres creux et les fronts déprimés,
Nous tenterons l'assaut de la vieille Gomorrhe
Hurlant à pleins poumons le chant des opprimés.

Ce jour nous n'irons pas phraser au fond des salles,
Un fusil vaudra mieux que nos éclats de voix,
Non rimailler des vers ! mais bien mâcher des balles
Pour les loger, sans peur, dans les ventres bourgeois.

6

Plus elle a bu de sang, plus la terre est féconde ;
Bientôt pourront œuvrer les rouges vendangeurs ;
Les morts de la Commune ont fait le tour du monde,
Amis ! dormez heureux ! ! vous aurez des vengeurs ! ! !

Ces quelques quatrains sont ma profession de foi, et,
comme je n'ai nulle envie de mendier les suffrages des
exploités pour les trahir ensuite, je n'en ferai jamais
d'autre.   G. P.

AU MARCHAND D'HOSTIES

Souille bien les enfants, avilis nos compagnes,
Mets ton obscurantisme en leurs faibles cerveaux,
Fais de jeunes penseurs d'ineptes soliveaux ;
Règne par la bêtise au milieu des campagnes.

Toi qui suças le sang de toutes les Espagnes,
Sous tes dehors cafards je sais ce que tu vaux
Et de combien de fiel sont confits les dévots,
Plus abjects, mille fois, que forçats dans les bagnes.

Agite l'encensoir sous le nez de Crésus,
Montre le ciel aux gueux, trafique de Jésus,
Tends la perche sacrée aux exploiteurs avides.

Sans toi les parias brûleraient leurs taudis
Et prendraient de quoi mettre en leurs estomacs vides.
. . . .
Hypocrite menteur! prêtre ! je te maudis !!

REGRETS TARDIFS

faisant suite à un sonnet grivois rayé par l'imprimeur plus pudibond
que moi.

A Mlle Léa d'A. .

Je m'aperçois bien tard que ma muse un peu folle
Par les sentiers fleuris s'en va tout de travers ;
Ses mots par trop gaulois et ses instincts pervers
Me nuisent, j'en suis sûr, auprès de mon idole.

Oui ! je veux désormais, rêvant sur ma gondole,
Pour l'amour idéal composer de beaux vers,
Des amants malheureux déplorer les revers,
Toujours des pleurs amers, jamais de farandole.

Oser chanter ainsi les doux plaisirs des sens,
Sous les trésors cachés brûler un fol encens :
Je me repens déjà de ces vilaines choses ;

Pour cet impur sonnet, par trop rugueux chardon,
Glissé parmi les lys, les œillets et les roses,
A vos genoux, Léa, j'implore mon pardon.

FATAL AUGURE

« Les raisins sont trop verts »   A Mlle Léa d'A...

Je te p'ains de grand cœur trop folle courtisane
Qui prodigues les nuits d'amour à ces vieux beaux,
Gens blasés dont la chair qui s'en va par lambeaux
Fait rouiller au fourreau leur vieille pertuisane.

Ton front déjà penché plus que la tour Pisane
Se creusera de plis. Plus d'orgie aux flambeaux;
Tu sentiras le froid morbide des tombeaux,
Ton champagne frappé sera de la tisane.

Oui ! car ce jour viendra, ma charmante Léa,
Où, mêlant à tes mets un peu de nymphéa,
Ton estomac fuira les sauces trop savantes.

Alors ton œil verra le limon de l'égout,
Tes bibelots chinois dispersés dans les ventes ;
Ton être sera pris par l'immense dégoût.

Juillet 188?

PASSANTS? PRENEZ MON OURS

Bons bourgeois désœuvrés lisez donc le poème
Que l'on vient vous offrir plein de témérité ;
Travail d'un plat rimeur qui n'a pas hérité
Mais rit de son malheur à moins qu'il n'en blasphème.

C'est le fruit des loisirs d'un souffreteux bohème
Qui, malgré sa misère aimant la liberté,
Garde dans ses écrits un soupçon de fierté
Pour mieux dire aux puissants la vérité quand même.

Cela ne l'enrichit et très souvent le soir,
Regnagant sa mansarde, il a perdu l'espoir
De mettre sous sa dent un peu de nourriture.

Pour que le soleil dore un de ces heureux jours
Où son ventre s'emplit d'un cornet de friture ;
Charitables passants : Achetez-lui son ours !

Novembre 1884

DÉCADENCE ET CORRUPTION

Aux jeunes boulevardiers

J'aperçois pour Paris le mal qui perdit Rome,
Tous ses pâles enfants sitôt la puberté
Le foyer paternel ont déjà déserté
Afin de s'abêtir et mieux mordre à la pomme.

Blasés de tous plaisirs le travail les assomme,
Dans d'infâmes tripots laissant toute fierté,
Qu'on leur impose un maître au lieu de liberté
Ils subiront le joug tels que bêtes de somme.

O Vercingétorix ! reconnais tes Gaulois
Dans ces gens que la honte a courbés sous ses lois
Dont un poison subtil corrompt l'économie.

Les arts, l'amour, l'honneur, chez eux tout est vénal !
Au lieu d'auteurs prônant : Saphisme et Sodomie !
Aux Français décadents ; il faut un Juvénal ! ! !

RÊVERIES NOCTURNES

I

A mon ami Jules Bernard

Au rebours de certains marquis de race altière
Qui, ne sachant comment occuper leurs loisirs,
Blasés dès le berceau, singeant les grands visirs,
Retourneraient, je crois, l'Europe toute entière ;

Je m'en vais à travers les monuments de pierre,
Délaissant les festins, les bals et les plaisirs,
Et si l'on veut connaître un de mes chers désirs,
C'est d'errer, seul, pensif, dans le froid cimetière.

A l'heure où tout repose : agneaux, loups et humains,
Que les huis sont bien clos, bien déserts les chemins,
Où le disque d'argent nous apparaît sans voiles ;

Les contours sont plus purs et les marbres plus beaux
Sous le ciel azuré tout parsemé d'étoiles :
J'aime à me promener au milieu des tombeaux.

RÊVERIES NOCTURNES

II

A mon ami Jules Bernard.

J'y songe aux trépassés, eux si bruyants naguère,
Qui dorment à jamais du plus profond sommeil ;
Ceux-là ne verront plus se lever le soleil
Et les propos des rois ne leur importent guère.

Les uns sont morts au lit, les autres à la guerre,
Perdant plus ou moins vite un peu de sang vermeil ;
Les voici tous égaux et sourds à tout réveil,
Sinistrement rongés sans pitié sous la terre.

Ils me font réfléchir à l'inconnu : Néant !
Puis au temps qui s'enfuit presque à pas de géant
Et je n'écoute plus ma funeste Egérie.

Alors se tait en moi tout mauvais appétit ;
Plus de venin, de haine, et soudain je m'écrie :
Dans le grand infini que je suis donc petit !

Mars 1885.

FOSSE NOUVELLE

~~~~~~

La rue de Douai, ordinairement si paisible, vient d'être mise en émoi par un tragique évènement..

M. XXX.., ce critique dramatique et littéraire jusqu'ici épargné par *Le Temps*, y est mort dans des circonstances peu ordinaires.

Le vénérable pion donnait audience à une jeune élève du Conservatoire, laquelle lui avait été chaudement recommandée.

La jolie personne, fort peu bégueule et sachant d'ailleurs que l'écrivain poussait dans la carrière avec un remarquable brio, s'était mise à l'aise puis finalement allongée sur le divan historique.

Dans cette charmante position l'ingénue débitait une tirade fort bien sentie quand tout à coup l'influent dénigreur du citoyen Zola, en train d'examiner de près — il était myope — si la débutante avait le feu sacré, clignota des yeux, récita une ou deux phrases d'un opéra de Mossieu Scribe, et finalement roula sur le parquet.

Un célèbre docteur mandé aussitôt ne put que constater le décès, l'attribuant à la rupture d'un anévrisme.

Des méchants confrères, désirant nuire à un de leurs camarades, avaient annoncé que la mort de M. XXX., le pontife de Dourdan, était le résultat d'une attaque d'A. Paul Alexis foudroyante. Mais l'éminent praticien, très habilement questionné, déclara aux intimes que l'accident avait été causé par l'émotion ressentie au contact de la future étoile.

Par suite de ce deuil la chambre syndicale des Tombeurs d'Ours s'est réunie et, après un blâme à l'artiste qui s'était montrée si pathétique au moment psychologique, a décidé qu'à l'avenir aucun de ses membres n'accorderait audience aux jeunes filles ayant trop de... talent. Les charmantes névrosées sont averties ; c'est à elles maintenant de tourner la difficulté en mettant moins de chaleur dans leur jeu.

Camphre et bromure, au lieu de cantharide, mesdemoiselles, si vous tenez à conserver les bénisseurs de littérature à la vanille et les histrions d'orgueilleux cabotins !

G. P.

LES SAUVEURS DE LA FRANCE

Pour le ministère Ferry tombé dans la boue dont il s'était lui-même entouré, pour les députés de l'Union républicaine qui, sans pitié pour les soldats qui tombaient au Tonkin, jouèrent le rôle d'obstructionnistes envers tout ministère qui ne serait pas plein des leurs et pour les journalistes vendus !

Messieurs les députés faites passer les listes,
Dressez votre tremplin pour sauter au pouvoir ;
Qu'importent nos soldats, le pays, le devoir,
Il n'est rien de sacré pour les opportunistes.

Puisez aux fonds secrets ; impudents journalistes,
En lisant vos canards d'ici l'on pourra voir
Les vendus grimacer, les pantins se mouvoir ;
Les mots : Patrie ! Honneur !! bons pour les utopistes.

Grands mitrailleurs masqués, Waldeck, Ferry, Lewal ;
Faites danser le peuple au sanglant carnaval
Les ouvriers pourront se façonner des bières.

Pour l'ignoble intérêt, politiquards pourris !
Sans souci des Français tombés dans les rizières,
Vous déchirez le sein qui vous a tous nourris !!

5 Avril 1885.

LE PORTRAIT

~~~~~~~

I

A ceux qui négligent leur tendre moitié.

Je veux, mes chers amis, vous conter les malheurs
D'un portrait bon marché « trois francs compris le cadre »
Figurant les traits durs d'un vieux marchand fort ladre
Qui n'aimait point sa femme et détestait les fleurs.

Des yeux de son épouse il coulait bien des pleurs
Le voyant plus bourru que marins d'une escadre ;
Avec son idéal le trafiquant ne cadre
Et ne peut rien comprendre aux subites pâleurs

Du joli brin d'amour qui près de lui se pâme,
Appelant des baisers du tréfond de son âme
Puis dans ses flancs un fils, fut-il adultérin.

Fi! Monsieur, quelle horreur! pas de pornographie !
Par peur de m'étaler sur ce glissant terrain
Je laisse la parole à la photographie.

— — — —

LE PORTRAIT

II

A ceux qui négligent leur tendre moitié.

Tu rêvais, avec Paul, de commettre un délit,
Ton vieux mari blasé n'était plus assez tendre,
Tu me blagues croyant que je ne puis t'entendre
Et sembles me narguer en grimpant sur le lit.

De l'enivrant désir tout ton être s'emplit ;
L'amour plonge en ton cœur tel qu'un charmant scaphan-
(dre,
D'un spasme de bonheur tu ne peux te défendre
Ton amant sera duc si le ventre anoblit :

Ne semblant éprouver tous deux la moindre gêne
Ils font leur doux commerce en se moquant d'Eugène
Dont je suis le portrait ! Quel âge sans pitié.

De mon original le traître a pris la place
Et sans plus de façons baisote sa moitié :
Lorsqu'ils sont en sueur je les vois dans la glace !

LE PORTRAIT

III

A ceux qui négligent leur tendre moitié.

Bientôt sont consommés les charmants sacrifices,
Ils daignent s'arrêter, descendre de l'autel ;
« J'irai te retrouver ce soir à ton hôtel !
Lui dit-elle en riant et sans plus d'artifices.

« Un poulet bien truffé puis quelques écrevisses
« En passant je prendrai, pour dîner, chez Potel ;
« Avec du vrai champagne on ne sait rien de tel
« Pour donner du courage aux divins exercices.

« Oui ! mon tyran voudrait me sevrer des plaisirs,
« Ne sachant qu'à la pêche occuper ses loisirs,
« Quand je veux un baiser il faut que je m'abaisse !

Puis se tournant vers moi : « C'est bien ! reste sur l'eau ;
Nous mangerons sans toi les jaunets de ta caisse :
Près de Paul adoré, tu n'es qu'un vieux tableau ! ! »

HORIZON NOIR

Aux mânes de mon Francis

Tu n'as pas, crois le bien, à regretter la vie ;
Le ciel est sans azur, les hommes sont méchants,
Les oiseaux n'osent plus moduler leurs doux chants
Craignant des durs bambins la rage inassouvie.

Ton âme, ô mon Francis, ne serait point ravie
De voir tous les gobeurs, par des trucs alléchants,
Savamment dépouillés de leurs toits, de leurs champs,
Et les filles de joie aux pures faire envie.

Maintenant tout se vend et l'on voit les humains,
De la boue au visage et du sang sur les mains,
Devant un sac d'écus s'incliner en cadence.

Pour voir des gens tarés, des malheureux les pleurs,
La France, ton pays, tomber en décadence
Il vaut bien mieux, mon fils, reposer sous les fleurs !

Mars 1884

MES COUSINES

Dédié aux mignonnes Alice et Angèle

Charmantes en propos, modestes en leur goûts ;
Sachant bien façonner leurs chapeaux et corsages,
Toutes deux ont grand cœur et de plus sont très sages ;
Justement ce qu'il faut pour plaire aux chers époux.

Non certes ! il n'est pas besoin d'être jaloux,
Quoiqu'on vînt amoureux en voyant leurs images,
Leurs lèvres n'ont goûté de dangereux breuvages ;
Ces mignonnes brebis n'ont jamais vu les loups.

L'aînée a le soupçon d'une langueur créole ;
Sa cœur, gentille abeille hors de son alvéole,
Resterait incomprise à plus d'un villageois.

Alice, un peu « popotte », ourlera les batistes
Et fera le bonheur de quelque gros bourgeois.
Mais Angèle est du bois dont on fait les artistes !

Mars 1885.

MÉCHANTS CONSEILS

————

A leurs amoureux

Venez beaux papillons vous griser de soleil,
Parés de vos rubis, gais moissonneurs volages;
Je vais, car de l'amour je suis aux tendres gages,
Vous enseigner des fleurs au calice vermeil.

Pour aller butiner, aussitôt le réveil,
Leur corolle rosée, avide aux doux hommages,
Il faudra leur tenir de gentils babillages
Et surtout ne point trop songer au lourd sommeil.

Vous leur sussurerez de bien charmantes choses,
Posant de chauds baisers entre leurs lèvres roses
Tout en vous gardant bien d'abîmer les boutons;

Reprenant vos ébats, fols, ingrats, vers les nues,
Quand seront assouvis vos appétits gloutons:
Vous les délaisserez pantelantes et nues.

Mars 1885

FILLES DE JOIE

—

A mes sœurs les vierges folles.

Quand je vous vois passer, pauvres filles qu'on loue
Afin de se vautrer sur vos peu frais appas,
Interdit, tout pensif, j'interromps mon repas
Et sens une rougeur me monter à la joue.

Dansez, hochets humains, avec qui l'homme joue,
Qu'il insulte souvent lorsqu'il ne frappe pas,
Prodiguez vos baisers jusqu'au jour du trépas,
Battez bien les trottoirs et couvrez-vous de boue ;

Cueillez la fleur d'amour l'hiver comme au printemps,
Abusez des plaisirs, gaspillez vos vingt ans,
Tricotez vos mollets aux sons fêlés de l'orgue ;

Folles ! jouez vos ans sur le sanglant billard :
Quand votre corps verdi sortira de la morgue
Tous vos anciens amants fuiront le corbillard !!

Avril 1882

MON SECRETAIRE

A Blanche, mon amie.

Pauvre meuble charmant. Il est en acajou ;
Dans différents endroits s'entuit mince placage,
De tous mes chers écrits c'est la massive cage ;
Je l'aime moins que Blanche et bien plus qu'un bijou.

Je le ferme à Charlot : « Mon gentil sapajou
Lorgne les coins dorés d'un livre de Boccage
Et les sanglants croquis des combats du Bocage ;
Il voudrait les ravir pour, lui, faire joujou. »

Il a plusieurs emplois : Bureau, Bibliothèque ;
De mes tableaux rimés c'est la Pinacothèque
Car j'en peins tous les soirs quand je l'ouvre béant.

Mes amis, je voudrais, quand j'irai sous la terre,
Afin d'y griffonner les drames du néant,
Qu'on mît auprès de moi mon bon vieux secrétaire !

Juin 1833

POISONS DU CŒUR

A Octave Mirbeau

Depuis le froid docteur jusqu'au simple trotin,
Des bipèdes humains la foule toute entière,
Sans même en excepter le fils de ma portière,
Cherche à singer Talbot en narrant un potin.

Les gentils cornichons employés chez Potin,
Les coulissiers de Bourse et la duchesse altière,
Les amis du défunt allant au cimetière,
Se donnent de faux airs de mauvais cabotin.

Dédaignant la nature ; on la grime, on la fausse,
Dans les lieux de plaisirs comme au bord de la fosse
L'on affiche souvent scepticisme moqueur.

Les deux poisons subtils qui pénètrent les masses,
Décolorent le sang, anesthésient le cœur,
Sont : Le froid égoïsme et l'amour des grimaces !

Mars 1883.

FOSSE NOUVELLE

En vain, hélas! l'un de nos meilleurs peintres allégo-
riques, afin de rassurer l'Institut, si rudement éprouvé,
avait brossé une superbe composition représentant au mi-
lieu d'un jardin chimérique :

Le temps jouant gaillardement avec Sapho ! l'héroï-
ne du Saut de Leucade ne put retenir longtemps le terri-
ble faucheur qui, s'échappant de ses bras langoureux, vient
de recommencer sa macabre moisson.

L'académie française vient de faire une nouvelle perte,
toujours aussi cruelle qu'irréparable, en la personne de
M. Alexandre Dumas fils.

Le bienveillant apologiste de Courbet exilé puis des
« femelles » de communeux, l'ami désintéressé du peintre
Jacquet qui le portraictura en juif de Bagdad, le bienfai-
teur éclairé de Mme veuve Chéret, à laquelle il abandonna
généreusement ses droits d'auteur, vient de succomber en
son hôtel de l'avenue de Villiers.

Toute la presse s'est émue de ce deuil littéraire car le fils
du joyeux « Panier percé » fut un des maîtres incontestés
du théâtre moderne.

Certain chroniqueur, mon ami très intime, faisant allu-
sion au dernier louis d'or de l'auteur fécond des *Trois
mousquetaires* et à la maladie de celui auquel nous devons
*le Fils naturel, la Dame aux camélias, le Demi-monde,
Francillon* etc., etc., fait remarquer avec une désinvolture
parfaite que: La générosité du père n'empêcha pas le fils
de mourir des suites de la varice rentrée.

Si vis me flere.   G. P.

FABRICANTS DE SCROFULEUX

Latet anguis in herba

Aux jeunes gens

Attristé, j'aperçois ces messieurs de la gomme,
Traînant à tous festins des corps efféminés,
Baisoter les frisons aux endroits satinés,
Sur les seins mis à nu se livrer aux doux somme.

Beaucoup trop tôt, hélas ! ils mordent à la pomme ;
A l'âge de seize ans, déjà contaminés,
Leurs frêles estomacs lentement sont minés
Pour combattre ce mal qu'il n'est besoin qu'on nomme.

L'adulte, ayant à peine un frais duvet d'oison,
Se fait inoculer le terrible poison ;
Désormais sa santé n'est plus qu'une chimère.

Et si de l'épouser une femme a le goût
La pauvre il corrompra tout en la rendant mère,
Puis leurs enfants seront des objets de dégoût !

Novembre 1885.

AMÉNITÉS CONJUGALES

Côté du cher mari

A Mme Clémence D...

Je te dirai sans fard, sans plus de préambules,
Que tu deviens, ma chère, aussi bête que trois ;
Tu fais des pataquès dans un jour pour six mois,
Je m'amuse avec toi bien moins qu'aux funambules :

Ta bouche a la grandeur de certains vestibules
Et tes traits sont bien ceux de la femme des bois ;
Dès le prochain marché j'achèterai des noix,
Tu les pourras casser entre les mandibules.

Tu disputes toujours, braillant à tous propos,
Ma vie est un enfer. Je n'aurai de repos
Que quand ton nom sera dans la nécrologie.

Que me font tes clameurs ! Tu peux dire que non,
Cela nous est prouvé par l'anthropologie,
Moi je descends du singe et toi de la guenon !!

AMÉNITÉS CONJUGALES

Côté de la tendre épouse

A M. Nicéphore D...

Tu radotes bien plus qu'une vieille gazette
Et je ne comprends pas qu'on perdit tant de foin,
Tes gestes élégants sont ceux d'un gros marsouin,
Tu sembles l'Auvergnat dansant à la musette.

A mon singe irait mieux ton bel habit noisette,
Tu ne sais le porter et n'en as aucun soin ;
Tu répands une odeur qui n'est pas le benjoin,
En matière d'amour tu n'es qu'une mazette.

Pour toi, qui ne sais plus que dormir et manger,
Qui t'enfuis sottement à l'instant du.. danger,
De l'infidélité j'ai reculé les bornes.

Pour les coups de canif j'ai retrouvé du nerf,
Tu n'as pas ton pareil au monde pour les cornes ;
Et tu rendrais jaloux pour la ramure... un cerf!!

Janvier 1884.

AVEU DU CŒUR

Ce sonnet et les cinq suivants sont extraits, au hasard, de *Charles Laroche*, drame en vers, cinq actes, devant paraître aussitôt que j'aurai les sous nécessaires à l'impression. Le roman duquel le drame fut tiré est à la disposition de tout directeur de journal, désireux de donner son coup de pioche contre le vieil édifice social, ayant autre chose dans le ventre que des appétits de marchand de papier.　　　　　　　　　　　G. P.

Oui ! je veux le subir ce pouvoir enchanteur
Qui fait pencher mon cœur, sans plainte douloureuse,
Au gré fantasque et fol d'une belle amoureuse
Qui berce mes vingt ans dans un songe menteur.

Ton charmant corps exhale une douce senteur
Quand, tout près de mon sein, ta pose langoureuse
Me permet d'effleurer la lèvre savoureuse
Qui verse l'ambroisie avec sage lenteur.

Gentille fiancée ! en toi j'ai mis ma vie ;
Le sombre désespoir, si tu m'étais ravie,
Cacherait ma douleur dans les flots de l'Adour.

Mon masque d'insensible à tes pieds je le jette ;
Trop heureux d'être aimé le pauvre troubadour
Ne peut que gazouiller: Je t'aime ô ma Georgette !!

A MON POÈTE ADORÉ

De Georgette à Charles Laroche

Il n'existe pour moi dans l'immense Univers
Qu'un poète charmant, buvant à l'Hippocrène
Le nectar d'Apollon, les ardeurs de l'Ukraine ;
Je le préfère à tous : ondoyants et divers.

Pour lui j'affronterais les autans, les hivers,
Au coursier du destin je vais lâcher la rêne ;
Toute au bel amoureux qui m'appelle sa reine
Pour réchauffer mon âme il suffit de dix vers.

Allons, mon bien-aimé, loin du bruit de la foule,
Ecouter les oiseaux, la rivière qui coule,
Fuyons les médisants aussi sots que nombreux ;

Jusqu'aux cieux transportée, ami, lorsque tu parles ;
Je voudrais, près de toi, sous les bosquets ombreux,
Te murmurer tout bas : Je t'adore ô mon Charles !!

LE BAUME D'APOLLON

Réponse de sœur Valentine au poète malade de cœur

Nous endurons tous deux cette horrible souffrance
Que nous légua la mort ayant vaincu l'amour ;
Maudissant le destin nous pleurons nuit et jour
Le bonheur fugitif et la douce espérance.

L'arrêt du sort, brutal en son intolérance,
Frappa chacun de nous sans espoir de retour ;
Il ne me reste rien ! mais toi, beau troubadour,
Tu peux encore chanter notre mère : la France.

Je veux connaître aussi l'Hippocrène où tu bois,
Viens m'enseigner la rime à l'ombre des grands bois,
Pour célébrer en vers les bronzes et les marbres.

En allant écouter les beaux oiseaux moqueurs,
Nous promener, rêveurs, tous deux sous les grands ar-
(bres,
Peut-être avec le temps, guérirons-nous nos cœurs ?

L'AMOUR

De sœur Valentine à Charles Laroche

Ami, pardonne-moi, je suis folle peut-être,
Car rien qu'en t'écrivant mon sein bondit plus fort;
En subissant ta loi je ne puis avoir tort,
Ce sentiment exquis c'est toi qui l'a fait naître.

Ce tyran, brusque et doux, s'empare de mon être;
Il me réveille au jour puis le soir il m'endort
Avec ton beau portrait, remplaçant le cher mort,
Quand je ferme les yeux son charme me pénètre.

Il captive mon âme, il attise mes sens;
Son souffle ardent me grise encor plus que l'encens
Et me fait désirer des baisers de ta bouche.

Peu m'importe la nuit promise éternité;
Quand le cri de la chair t'appelle dans ma couche
Mon cœur rêve d'amour et de maternité!

LA LYRE BRISÉE.

De sœur Valentine aux mânes de Charles Laroche

Pourquoi donc avoir fui, jeune et charmant chanteur,
J'adorais tout en toi! visage, poésie !
Même ces mots railleurs qui frisaient l'hérésie,
Gentiment soulignés d'un sourire enchanteur.

Le bonheur ici-bas fut un rêve menteur
Qui souffla sur ton cœur délire, frénésie,
Puis, fuyant dans l'éther, laissa l'anesthésie,
T'entraînant vers la tombe et son âcre senteur.

Dors en paix, doux poète au merveilleux génie,
Toi mon dernier amour ! sous la terre bénie
Où ce qui fut ton corps, ami, se mange aux vers ;

De l'enivrant espoir pour jamais dégrisée,
Je m'en vais tous les soirs relire tes beaux vers,
Pleurer sur les tronçons de ta lyre brisée !

Vivit sub pectore vulnus

LE FILS NATUREL

Aux imbus de méchants préjugés.

Amour! Fraternité!! Plus de mesquines haines;
Naturel, reconnu, fils légitime ou non!
Si l'enfant a du cœur qu'importe donc le nom?
Pourquoi ces préjugés et ces chicanes vaines?...

Qu'il soit natif du Nord, de l'Est ou des Cévennes,
Sur les marches d'un trône ou dans un cabanon,
Dans les jours de grand deuil même chair à canon
Car c'est du sang français qui coule dans ses veines.

Ayant tous les devoirs il doit avoir le droit
De goûter au bonheur, de marcher calme et droit,
Sans qu'on lui jette au nez la faute de sa mère.

Croyez-m'en Citoyens! Il est bas, il est vil!
De lui faire gravir cet infamant calvaire
Au milieu des chardons de son état civil!!

DÉJEUNER DU MATIN
CHEZ LE RICHE

Les contrastes

A mes camarades les meurt-de-faim.

A travers les rideaux mordorés de l'alcôve
S'épandent, tamisés, les rayons du soleil ;
L'épouse en s'étirant, après un long sommeil,
Jette un regard moqueur sur son mari très chauve.

Tous deux, posant leurs pieds sur la laine d'un fauve,
Vont vers le guéridon, qui n'a point son pareil,
Où sont déjà posés deux grands bols en vermeil
Pleins d'un lait tout crémeux qui, bouillonnant, se sauve.

Onze heures vont sonner au cadran pompadour
Quand paraît la soubrette, un joli brin d'amour,
Par qui Monsieur souvent doit remplacer sa femme ;

Il lui faut desservir les petits pains beurrés
Puis soustraire fort vite aux beaux yeux de Madame
Les riches déjeuners à grand'peine effleurés.

DÉJEUNER DU MATIN
PAR LE PAUVRE

~~~~~

Les contrastes

Aux rares bourgeois dont le cœur n'est pas entièrement
pétrifié

Le malheureux s'éveille et saute en bas du lit,
Malgré le froid qui règne en sa noire mansarde,
Le patron gronderait pour le peu qu'il s'attarde
Puis à son détriment tournerait le conflit.

Pour aller retrouver l'outil qui l'ennoblit,
Après s'être vêtu, dehors il se hasarde ;
La lune ayant masqué sa lumière blafarde
Il n'aperçoit point l'eau dont son soulier s'emplit.

Son estomac gémit sous la faim qui l'oppresse
Quand il sent tout à coup certain relent de graisse
Et voit l'industriel ?... qui bravement l'attend.

Il s'approche des gueux à qui la brise coupe
Le triste et doux visage, et, comme eux, grelottant,
Dévore sans souffler un peu de maigre soupe.

ÉGALITÉ

Aux hommes impartiaux

Dix valets vont servir un somptueux repas,
Dans l'or et le cristal mariés sur la table,
Quand un pauvre sans pain, mais pourtant respectable,
Avance sans trembler le moment du trépas.

De dentelle et de soie entourant ses appas,
Madame va briller au salon d'un notable
Tandis que Madelon, sur le foin dans l'étable,
Pour un jupon promis fait son premier faux pas.

Pendant que l'opulent de tous les méts gaspille
Je connais bien des gens puis certaine famille
Qui ne mangeraient pas sans les cœurs généreux.

Faut-il croire en voyant distinguer de la sorte,
Tant jouir, tant souffrir, que riche et malheureux
Pour entrer dans la vie ont pris la même porte ???

3 Décembre 1884.

DANGEREUX VOYAGE

De Paris à Mézidon

J'adorais mon cousin mais, jusqu'au mariage (1),
Voulais me préserver de l'enivrant délit ;
Avec lui je pris place au fond d'un coupé-lit,
Craignant de faire seule un aussi long voyage.

En marche il commença son diabolique ouvrage,
Ce qui fit éclater un terrible conflit ;
Sur mes seins, sans façons, le coquin s'établit
Et me paralysa malgré tout mon courage.

« Voulez-vous bien finir ! vilain ! je ne veux pas !
Ma guimpe est déchirée, à l'air sont mes appas ;
Vous osez, en montant, passer ma jarretière !... »

Je croyais échapper au joug de Cupidon
Quand le train s'arrêta, puis, près de la portière,
L'employé gouailleur vint crier: Mézidon !!

(1) Imbécile ! Pourquoi jusqu'au mariage ? Comme si le torchon
tricolore du solennel écharpé devait te procurer plus de plaisir
Préjugés tout cela.

DANGEREUX VOYAGE

De Mézidon à Cythère

Mon amoureux cousin prit cela pour un ordre
Et fut aussi brutal qu'un sauvage iroquois ;
J'étais plus en frayeur que la biche aux abois,
Dans un suprême effort j'essayai de le mordre.

Pour arriver au but les bras il dut me tordre,
Cupidon triompha dans un souris narquois,
Ayant pris une flèche au fond de son carquois :
Il me perça le cœur, profitant du désordre.

. . . .

. . . .

Voyant couler mes pleurs le méchant devina
Ce que pensait alors cousine Malvina :
« Mignonne je vois bien qu'il faut qu'on te rassure ;

Je t'aimerai toujours ! c'est là l'essentiel,
Ne te chagrine pas pour ta blanche parure :
L'oranger d'aujourd'hui ??... C'est artificiel !!

Pour mignonne petite sœur empêchée, son méchant: G. P.

CHARITE BIEN ORDONNEE

Au citoyen Victor Hugo

Encor un mendiant ! Il faut que je me plaigne !
Les paysans moqueurs font de méchants paris
Et m'envoient tous les gens qui viennent de Paris :
Napoléon n'est plus ; je donnais sous son règne.

Les forçats du destin, manants dont le cœur saigne,
Orphelins sans parents ou femmes sans maris,
Espérant que par moi leurs pleurs seront taris,
Assiègent mon château qu'ils ont pris pour enseigne.

Je voudrais obliger mais pourtant je ne puis,
De l'or pour faire aumône il me faudrait un puits ;
M'appauvrir bêtement serait une sottise.

Je donnerai bientôt congé de ma villa ;
Et quand au sou modeste, objet de convoitise,
Il ne m'en reste qu'un, je garde celui-là !

Janvier 1882

S.

A ANTONIN PROUST

J'ai bien ri quelquefois de ce grand ministère,
Conçu par le cerveau d'un dictateur bêta,
Dans cet immense four tu suivis Gambetta
Et des goûts progressifs tu ne fis pas mystère.

Stimulant les concours, du Var au Finistère,
Le parti pris poncif jamais ne t'arrêta ;
Le coloris du jour — ce qui fort t'embêta —
Prenait l'air d'un malade absorbant un clystère.

Tu voulus rang pour tous à l'horizon vermeil,
Certain de tes arrêts vint troubler le sommeil
Des peintres parvenus, cette gent moutonnière,

Voyant *Manet* gémir sous leur joug léonin
Tu passas le ruban rouge à sa boutonnière ;
Sur le terrain de l'Art : Je salu, Antonin !

Juillet 1883,

INVITE AU ROSSIGNOL

A Eugène Chatelain

Charmant petit oiseau caché sous la ramure,
Lissant d'un joli bec les plumes de ton col,
Pourquoi vers les chemins ne pas prendre ton vol
Au lieu de musarder à coquette parure ?

C'est fort beau, je l'avoue, une gentille armure
Mais encor faudrait-il n'en point devenir fol ;
Cet art efféminé te ferait, triste et mol,
Dédaigner pour l'hiver la moisson déjà mure.

Non! je me suis trompé, tu parais soucieux ;
Quelque chose d'amer te retient sous l'ombrage
Où ton petit œil noir interroge les cieux :

Quand tu sembles médire en [brisant le fêtu,
Il t'échappe parfois des éclairs pleins de rage:
Oh! dis-moi, je t'en prie: A quoi donc penses-tu?..

RÉPONSE DE L'OISEAU

A Eugène Chatelain

Je songe au paysan qui pousse la charrue,
Moissonne le blé d'or pour un morceau de pain,
Une fois par hasard il égorge un lapin
Et porte une chemise en grosse toile écrue;

A tous les besogneux qui gèlent dans la rue,
Gens sur qui la misère a jeté son grappin,
Ayant pour idéal la bière de sapin,
Déposée au chevet par la mort apparue,

Les plus vieux d'entre nous pour l'hiver ont un nid;
Je sais plus d'un humain cherchant en vain le lit
Qui remettrait son corps d'une course insensée.

Il n'est besoin, crois-moi, de te mettre à genoux;
Je vais te dévoiler le fond de ma pensée;
Les hommes sont beaucoup plus malheureux que nous.

17 Janvier 1885

BRISE D'AMOUR

IDYLLE

Adorable bergère,
Pétillante et légère,
Bien faite pour aimer ;
Quand l'ardente nature,
De désirs te sature,
Pourquoi donc blasphémer?

Ma gentille poulette
Délaisse ta houlette,
Et tes moutons frisés ;
Viens je serai ton pâtre
Par tes beaux seins d'albâtre
Mes sens seront grisés.

Les amants au cœur tendre
Voient très souvent s'étendre
La misère autour d'eux,
Pour toi, belle maîtresse,
Point de noire détresse
Je suis riche pour deux.

Tu boiras, ma compagne,
L'amour et le champagne,
Dans l'or et le vermeil.
L'opopanax et l'ambre
Parfumeront ta chambre
Pendant ton doux sommeil.

Belle que j'ai choisie
Viens goûter l'ambroisie
Te délecter de miel.
Dans les folles caresses
Et les tendres ivresses
Nous oublierons le ciel.

O ma fleur un peu folle
Ouvre-moi ta corolle
Je suis le papillon
Qui, tout plein de malice,
Voudrait dans ton calice
Tracer un doux sillon.

Quand mon charnel délire,
Secondé par ma lyre,
Vient te chanter l'amour ;
Accepte dans ta couche
Et baise sur ta bouche
Le gentil troubadour.

L'ILLUSION D'UN REVENANT

Un fusillé de Mai, patriote fantasque,
Voulut revoir Paris ; « C'était je crois Duval »
Pour cacher l'ossature il se couvrit d'un masque
Qui ne sembla pas drôle en temps de carnaval.
Le fol se para des habits d'un joueur d'orgue,
Et se donna du ventre à l'aide d'un cerceau ;
Dans cet accoutrement, décroché de la Morgue,
Il parcourut Paris sa tombe et son berceau.

Tous avaient oublié les sanglantes journées,
Cayenne, Nouméa, les silos, les pontons ;
Les ouvriers blagueurs absorbaient des tournées,
Le mot : Fraternité ! régnait sur les frontons
Des monuments publics. Partout dans les théâtres
La foule s'entassait. Les passants tout joyeux
Jetaient des mots plaisants aux filles trop folâtres
Convoquant au plaisir de la voix et des yeux.

Les oreilles sonnaient des phrases croustillantes,
Des fervents de Vénus, guillerets, allumés,
Suivaient dans leurs hôtels des... vierges? sémillantes
Qui livraient à leurs sens des appas parfumés.....
Tous couraient au plaisir dans les jeux, dans les fêtes,

Costumés en pierrots, voire en Turcs de Péra,
Français au cœur léger oubliant leurs défaites
Sedan, Metz et Strasbourg au bal de l'Opéra.

Devant tous ces flonflons, Duval tombait des nues,
Se croyait transporté chez l'enchanteur Merlin,
Ces danseurs baisotant de blanches gorges nues
Etaient donc les Français qui criaient : A Berlin !!!
Arban, Métra, Lecoq, ces gens tenaient la corde,
Eux seuls,faisaient mouvoir ces bizarres humains,
Duval, très écœuré, courut vers la Concorde
Songeant aux. grands vaincus : les Grecs et les Romains.

« Français ! je vois pour vous venir la décadence,
Sautez, valsez, polkez ! sous les beaux orangers ;
Livrez-vous au plaisir, à Vénus, à la danse,
Laissez-vous envahir par tous les étrangers.
Pendant que vous chantez, que vous baisez vos femmes,
Enfièvrés de désirs ; de tendres passions,
L'Italie et la Prusse aiguisent fort les lames
Qui viendront vous rayer du rang des nations.

Prends garde ô mon pays! je vois dans la campagne :
Le spectre de Cavour et l'ombre de Bismarck ;
L'un prendra la Savoie et l'autre la Champagne
L'aigle noir fait l'œil doux au lion de Saint-Marc.

Je redoute pour toi les brutes couronnées
Qui, toujours à l'affut sous leurs dorés lambris,
Chausseront bientôt des bottes éperonnées
Afin de piétiner sur tes sanglants débris.

Messieurs les généraux, je vous vois bien sourire
Du point noir découvert par l'humble communard,
A votre fol orgueil je ne saurais souscrire :
Ne suis-je pas tombé dans pareil traquenard ?
Si des soldats français ont visé ma poitrine
Et si je suis tombé sous le plomb versaillais,
C'est que sous le danger je n'eus l'humeur chagrine
Tout comme vous Messieurs, aveuglé, je raillais.

Oui ! je sais, mon drapeau vous traitez de baroque ;
Pourtant moi j'en suis fier car je l'ai défendu ;
C'était un torchon rouge, issu d'une défroque,
Cependant comme à Metz je ne l'ai point vendu.
Mais laissons tout cela ; la querelle est vidée,
Raillez si ça vous plait mais ne m'insultez pas,
Tel a droit au respect qui meurt pour son idée...
Je n'ai point reculé même au jour du trépas !

Bien oui ! je suis content d'avoir donné ma vie,
Combattu pour Paris, fusillé par Vinoy ;
Car je ne verrai pas ma Patrie asservie,

9

Français ! vous n'aurez plus Austerlitz, Fontenoy.
Vous ne pourrez sortir de vos jardins d'Armide,
Car vous êtes trop mous et trop efféminés,
Il vous faut de baisers avoir la lèvre humide,
A devenir vassaux vous êtes destinés ! »

Ayant ainsi parlé Duval reprit sa course
A travers son Paris qu'il trouva bien changé ;
L'on s'amusait toujours de Montmartre à la Bourse,
Pourtant il vit des gens qui n'avaient point mangé ;
Certains « séchaient » des bocks de brune bière anglaise,
Puis auprès des cafés de lourds musiciens
Ecorchaient, sans pitié, la grande Marseillaise
Ce chant qui fit vainqueurs les bataillons anciens.

« — J'étais fou tout à l'heure et la gaîté foraine
De tout ce peuple en joie : O dieu que c'est donc beau !
Me dit qu'on a repris l'Alsace et la Lorraine ;
Salut Metz et Strasbourg ! je retourne au tombeau. »
Aux sons des instruments renaquit l'espérance
Chez cet humble héros de Paris souverain,
Il oublia Vinoy, se disant que la France
Devait avoir battu l'ennemi d'outre-Rhin.

21 Février 1884

LES ETAPES DE LA POÉSIE

Volupté

A Mlle Amélie C...

Viens, bel ange aux yeux bleus, t'étendre sur la mousse,
Sous les nids emplumés, à la face du ciel ;
Altéré de plaisir, je noierai tout mon fiel
En buvant sur ta peau de la moiteur si douce.

C'est le doux Cupidon qui dans mes bras te pousse
Pour t'y griser de nard, d'ambroisie et de miel :
Tu seras bien heureuse et du péché véniel
Je lirai le rappel sur ta gente frimousse.

Brûlant de mes baisers tes bouts de seins rosés
Puis tes signes secrets si follement posés,
Je nourrirai ta chair de bonheur affamée,

Oui, je veux, cher trésor, te garder jusqu'au jour,
Te voir, la lèvre en feu, frémissante et pâmée,
Onduler ton beau corps dans un spasme d'amour !

LES ÉTAPES DE LA POÉSIE

AUJOURD'HUI

Le martyre d'Angèle

ACCOUCHEMENT APRÈS DÉCÈS

A Jean Richepin

Ne pouvant plus rester chez de méchants bourgeois,
Un jour à l'hôpital il fallut qu'on l'apporte ;
C'était, je m'en souviens, une brune assez forte,
Mise enceinte au pays par quelque villageois.

De cacher sa grossesse Angèle s'efforçait
En disant : « Ce bâtard ! que le diable l'emporte ! !
D'un anévrisme au cœur la pauvre fille est morte
Lorsqu'un des carabins desserra son corset.

« Voici du frais travail ! Jetez-là sur la couche ;
La deuxième du mois qu'en cet état j'accouche ! »
S'écria le docteur à nous tous étonnés.

L'habile opérateur partit en découverte
Et nous vîmes sortir — l'on se bouchait le nez —
L'enfant charognisé de la matrice ouverte.

LES ÉTAPES DE LA POÉSIE

DEMAIN

Lendemain d'Ivresse

A Louis Mousset

Ayant, le samedi, goûté de tous les vins
L'on trouve une déesse à taille d'oiseau-mouche,
Exhalant aussitôt qu'elle ouvre un peu la bouche
L'enivrante senteur des roses de Provins.

Il n'est point de sculpteurs, de peintres, d'écrivains,
Qui rendent sa beauté ! Superbe et si farouche
Qu'il faut, malgré ses cris, la jeter sur la couche
Pour cueillir la primeur de ses appas divins.

Mais sitôt le réveil disparaît l'auréole ;
Parfois l'on se demande : Aurai-je la vérole ?...
Quand la jeune Vénus n'est plus qu'un vieux débris ;

Et qu'on voit, écœuré, dans d'innommables vases,
Près d'un sale injecteur maculé d'onguent gris,
Les visqueux résidus des charnelles extases.

MON RÊVE RÉALISÉ

Quand, courbé par les ans, pauvre rêveur farouche,
La misère d'antan viendra me ressaisir ;
Que je ne pourrai plus, malgré mon grand désir,
  rûler sur les bourgeois ma dernière cartouche,

Peut-être un hôpital me prêtera sa couche
Pour y crever, tout seul, mais ayant le loisir
De voir un tonsuré, pris d'un malin plaisir,
Rôder trop près de moi, le mensonge à la bouche.

Il pourra bien venir le carabin moqueur,
Alors que la camarde aura glacé mon cœur,
Fouiller de son scalpel ma cervelle et mon foie.

Avant que mes débris fussent jetés aux vers
J'aurai — grâce au marteau — pu goûter cette joie
De voir, imprimé vif, le dernier de mes vers.

31 Décembre 1886.

TABLE DES MATIÈRES

— 153 —

FIN DE LA TABLE

ERRATA

~~~~

Page   6, lire *fatigante* au lieu de fatiguanto.
—   24, — *mon*   —   mons.
—   27, — *liquoriste*   —   liquoritse.
—   35, — *tu tournes*   —   te tournes.
—   79, — *vive*   —   vivre.
— 103, — *regagnant* —   regnagant.

Quant à la ponctuation, je crois superflu d'en parler. Jamais cette utile et reposante personne ne fut si maltraitée ; mes théories anarchistes ayant gagné jusqu'aux compositeurs, je ne puis qu'applaudir.   G. P.

PARIS, TYP. ET LITH. DE M. DÉCEMBRE, 326 RUE DE VAUGIRARD.

www.ingramcontent.com/pod-product-compliance
Lightning Source LLC
Chambersburg PA
CBHW072054080426
42733CB00010B/2117